Zen

Redbook

Zen

Hikari Kiyoshi

esenciales

ROBIN
BOOK

© 2016, Hikari Kiyoshi
© 2016, Redbook Ediciones, s. l., Barcelona
Diseño de cubierta e interior: Regina Richling

ISBN: 978-84-9917-401-3
Depósito legal: B-18.216-2016

Impreso por Sagrafic, Plaza Urquinaona 14, 7º-3ª 08010 Barcelona
Impreso en España - *Printed in Spain*

Índice

Hikari Kiyoshi

Introducción

El zen es una escuela del budismo que busca la sabiduría más allá de la racionalidad, a partir de la experiencia del conocimiento interior de la persona. Como tal, busca la esencia de la realidad y a través de ella, la del mundo y su entorno.

Para el zen, todo lo que nos rodea son construcciones mentales. Por tanto, cuando una persona tiene la mente sana y abierta, puede tener acceso a una realidad y a un mundo también sano y libre de inquietudes.

La base para tener una mente sana y equilibrada es la meditación. Y su fin último es el nirvana o la Iluminación, que significa «despertar», «percibir lo que es uno». Esto es, vivir con plenitud el momento y con intensidad cada hora de la vida. Por eso se llama también la filosofía del «aquí y ahora».

Debe entenderse, pues, como una filosofía de vida que trata el funcionamiento de la mente humana. Es un modelo que permite revisar los paradigmas preestablecidos en los que nos movemos los humanos con el fin de cambiarlos para ser más felices y exitosos. El hombre siempre ha querido librarse de los sufrimientos, pero por más que lo ha intentado le ha sido imposible evitarlos, ya que los deseos, las pasiones, las ambiciones, etc., son parte importante de las causas de los mismos. Por eso, con la práctica de la doctrina del zen, se logra rescatar al hombre del sufrimiento de la existencia.

La doctrina del zen hace énfasis en los siguientes fundamentos de sus enseñanzas:

1. **La recuperación de la simplicidad y de la sencillez.**

2. **La posibilidad de hallarlo todo, paradójicamente, al perderlo todo.**

3. **Un especial entusiasmo en la riqueza del vacío.**

4. **La inexistencia de un principio y un fin. Tan solo existe el vacío.**

Un poema zen dice así: «El camino perfecto carece de dificultades, excepto la de negarse a admitir preferencias, sólo cuando se ha liberado del odio y del amor se revela plenamente y sin disfraces, una diferencia de un décimo de pulgada es lo que separa al cielo de la tierra. Si quieres verlos con tus propios ojos, no debes tener pensamientos fijos, ni a favor ni en contra. Todo es adecuado y a la vez nada es adecuado».

Este libro le conducirá por los caminos del zen. Conociendo este método budista, hallará una comprensión más directa de la vida y se acercará a la conquista de la felicidad.

1. Origen del budismo zen

Hay quien sitúa la fecha de la iniciación hacia el 520 d.C., y fue introducido por el monje Bodhidharma, el 28° patriarca del budismo, que vivió entre los años 448 y 527 d.C. Siguiendo los preceptos de su mentor Prajnatara, abandonó el sur de la India y se dedicó a difundir las ideas del budismo por toda China.

Su entusiasmo misionero le llevó a caminar cientos de kilómetros hasta llegar al norte de China, cruzando las heladas montañas del Himalaya. Llegó a Nanking, donde fue requerido ante la corte de Liang Wu Ti a quien le indicó la finalidad de su misión en los siguientes términos: «La razón original de mi venida a este país fue transmitir la Ley, a fin de salvar a los confusos. Una flor de cinco pétalos se abre, y la producción del fruto vendrá de por sí».

Cruzó el Yang-tsé y se instaló cerca de Pingcheng. En el 496 el emperador ordenó la construcción del templo de Shaolín, en el monte Sung, provincia de Honan, donde Bodhidharma instaló sus dependencias y la fama que se labraría a continuación.

El monje se refugiaba a menudo en una cueva del monte Sung,

donde permanecía días y días sentado frente a una roca, lugar que es conocido hoy en día como Pikwan Po-lo-men, o «el brahmán que mira la muralla». El acto de cara a la pared es la realización de combinar la teoría y la comprensión del yo para aplicar los principios budistas en la práctica cotidiana. Bodhidharma creía que si una persona podía dejar de lado el amor y el odio, la tristeza y la felicidad, la codicia y el ansia y vivir todos los días de forma natural y disfrutar de lo que pueda suceder en lugar de preocuparse y quejarse, él o ella habrían entrado en el camino budista. Bodhidharma es reconocido y respetado como el fundador del budismo chan (zen), y el templo Shaolín como el hogar ancestral del mismo.

El origen del zen está ligado a las prácticas que llevaron a Buda a la Iluminación. Bodhidharma introdujo el budismo en China con el propósito de volver al espíritu original de las prédicas de Buda.

Nace, pues, del encuentro de las tendencias más avanzadas de la filosofía hindú y su encuentro con el taoísmo, el confucionismo y el sello que le imprimió el propio Bodhidharma. A partir de esa fecha nacen la escuela de meditación dhyana, la escuela chan y el propio budismo zen.

La figura de Bodhidharma

Sobre el origen de Bodhidharma llamado también Damo (Bo-di-da-mo), hay varias versiones, la más aceptada es la que cuenta que pertenecía a la estirpe de un rey del sur de la India y que en su categoría de príncipe formó sus estudios en el Templo de Nalanda. Practicante del budismo en su función de brahmán o sacerdote hindú. Otras versiones le atribuyen provenir de Persia, y otras lo catalogan como un guerrero indio, conocedor de un antiguo arte marcial de mano vacía llamado Vajramu.

La escuela mahayana

Se trata de una de las tres formas históricas más importantes del budismo. Su origen fue una reacción contra la interpretación de las enseñanzas de Buda. Es un movimiento que afecta a todos los aspectos de la vida religiosa, artística y también social.

El budismo mahayana o «gran vehículo» se cimentó en las esferas populares. Fue el rey Asoka, hijo de Bindusara, quien se encargó de propagar esta doctrina entre los años 274 y 237 aC. En el siglo I d.C. la doctrina pasó de las clases populares a las élites, que empezaron a compilar la doctrina en forma escrita y filosófica.

Esta religión conservó la base del antiguo budismo, esto es, el mantenimiento de la actitud mística y la no aceptación de la irreductibilidad de la trascendencia y la contingencia. Al aceptar estas dos premisas se acepta invariablemente el antiguo ideal de Buda y con ello la creencia de que cualquier ser humano puede llegar a él.

La tradición mahayana dice que su origen procede de las enseñanzas del propio Buda y la creencia de que, al renunciar al estado de nirvana, se puede alcanzar un nivel espiritual mucho más elevado que el que únicamente lo ha perseguido con objeto de salirse de la rueda de las reencarnaciones. Según esto, bodhisattva sería aquel que, una vez obtenido el nirvana, emplea sus conocimientos para la salvación del mundo llegando al compromiso de "no estancarse" hasta que todos los seres sensitivos hayan alcanzado el nirvana.

Para el mahayana las creencias populares sirven para buscar vías sencillas. Su finalidad última es la salvación, por lo que es necesario encontrar los medios hábiles para hallar el método de liberación. Los seguidores de la doctrina mahayana se basan en los sutras o textos sagrados, que entienden como la base de la doctrina budista.

Los sutras de Sidharta Gautama

Los sutras son frases, afirmaciones esenciales, que llevan implícita o explícita una verdad que debe ser desvelada a través de la reflexión. No son frases para recordar, son ideas y con-

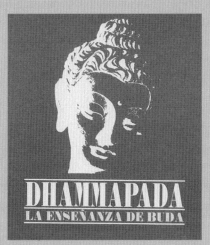

ceptos para desarrollar e internalizar, y adaptar al comportamiento diario. En su tiempo, 500 aC., fueron una herramienta de transmisión de las verdades que los iluminados deseaban dejar a sus adeptos o descendientes. En esos tiempos no existían ni la imprenta ni los libros, y por lo tanto todo traspaso de cultura dependía de la trasmisión oral. Esto exigía que las afirmaciones, los sutras, fueran cortos, concisos, y sobre todo, genéricos.

Buda dejó 53 sutras en su obra *Dhammapada*, los que en conjunto constituyen toda su doctrina. Cada sutra debe ser cuidadosamente leído y se debe reflexionar sobre su contenido. Casi todos son crípticos, las verdades contenidas no están en exhibición, sino que hay que desvelarlas mediante su profunda comprensión.

El fin último de cada adepto es ayudar a la salvación de todos los seres, y no únicamente la suya. En ese sentido, las escrituras dan suficientes ejemplos de altruismo y sacrificio. El seguidor del mahayana puede llegar a tomar sobre sí mismo los malos actos de los otros para, de esta manera, ser él quien los padezca o sufra. Al ayudar a los otros, obtiene así su salvación. Una de las doctrinas base del mahayana afirma que todo hombre está dotado de una cierta naturaleza búdica y, por tanto, tiene la capacidad de convertirse en un buda, un Iluminado.

El bodhisattva, ideal del hombre perfecto del mahayana

Bodhisattva es el hombre que aspira a la Iluminación, que quiere ser un buda, un Iluminado, el que despertó a la verdad. Para el mahayana el hombre es un ser nacido para el sufrimiento y el dolor. Poner fin al sufrimiento y al dolor y romper la cadena de reencarnaciones debe ser la meta final del todo esfuerzo humano. El camino que lleva a la liberación es arduo y difícil.

El bodhisattva reúne infinitos méritos y acciones buenas que preconizan la moral budista, convirtiéndolas en la esencia de su ser e imitando así el ejemplo de Buda.

Los elementos que caracterizan el bodhisattva son el conocimiento y la compasión. Por el primero obtendrá la convicción de que la relatividad y la insubstancialidad son un error. Por la compasión se mostrará siempre dispuesto a ayudar a los otros, aliviando su sufrimiento y consolando sus desdichas.

El bodhisattva tiene que impartir allá donde vaya la palabra del Maestro, incitando a las persona hacia la suprema meta. Para conseguir el bien de los otros el bodhisattva hará el sacrificio supremo de retardar su ingreso en el nirvana mientras los otros seres no hayan llegado como él a la Iluminación inmaculada y excelsa, que pone fin al sufrimiento y corta la serie de las reencarnaciones.

El budismo hinayana

El hinayana, también conocido como «pequeño vehículo», es el budismo tradicional y según sus seguidores representa la doctrina tal como la había predicado el propio Buda.

Ocupa un periodo que va aproximadamente desde del año 350 a.C. hasta el siglo I y la principal ocupación era seguir exactamente los preceptos de Buda. Debido a las diferentes interpretaciones surgen numerosas escuelas, cada una con sus propios cánones.

Entre estas escuelas las más importantes fueron la Theravada o Sthaviravada y la Sarvastivada. El objetivo de todas ellas es la liberación personal y su ideal es el del arhat, esto es, lograr su propia liberación. Es un camino individual, por eso se le conoce como hinayana (pequeño vehículo), puesto que sólo sirve para uno mismo.

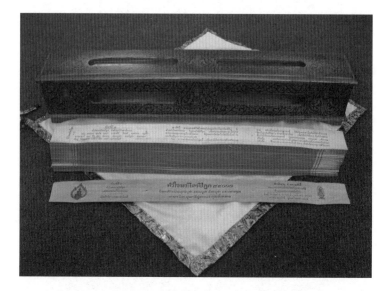

Así pues, el hinayana se ciñe a las reglas del *Canon Pali*, del primitivo mensaje, por lo que se considera entonces el más ortodoxo. Se extendió desde el sur de la India hacia Birmania, Ceilán y Tailandia. Entre los años 100 a.C. y 40 d.C. el budismo mahayana se separa del hinayana ya que las propuestas de este último no eran aceptadas por todo el mundo budista. Mientras que el mahayana se quedaba con un mayor número de adeptos, el hinayana recogía sólo unos pocos discípulos. La finalidad de ambos sistemas no era otra que la de alcanzar la Iluminación.

El *Canon Pali*

El *Canon Pali* (o tipitaka) es un término tradicional usado para describir la colección de los antiguos textos budistas escritos en el idioma pali, que constituyen el cuerpo doctrinal y fundamental del budismo theravada. Se trata del más completo de los primeros textos budistas, y fue compuesto en el norte de la India, conservándose por vía oral hasta que fue escrito durante el Cuarto Concilio Budista en el año 29 a.C.

El tipitaka contiene tres grupos o canastas de enseñanzas: el vinaya pitaka, el sutta pitaka y el abhidharma pitaka. El canon contiene todo lo necesario para mostrar el camino hacia el nirvana, y los comentarios incluyen a veces aspectos especulativos, pero son fieles a sus enseñanzas.

Sus practicantes eran aquellos monjes que vivían en los monasterios formando órdenes. Era una religión individualista cuyos adeptos eran escolásticos y racionalistas. Vivían sometidos a una disciplina austera y heroica, voluntariamente aislados y capaces de renunciar a los placeres de la vida.

Su modo de vida produjo un distanciamiento entre los religiosos y los laicos, haciendo de los primeros una élite autónoma y aislada, que enfocaba sus actividades y esfuerzos hacia problemas concretos. Estos monjes, conocidos como bhiksu, entendían que la Iluminación era posible alcanzarla sometiéndose a la observancia de las reglas monásticas.

Su preocupación por la problemática metafísica llevó a los bhiksu a menospreciar las cuestiones mundanas y a asumir una profunda frialdad ante el sufrimiento de sus semejantes y una gran aversión hacia la vida contingente. Sostienen que liberarse de las ataduras del mundo es la condición primordial para lograr la salvación. En consecuencia, su moral se

Hikari Kiyoshi

somete a una gran cantidad de preceptos negativos, de limitaciones, de formas para cortar las ataduras del mundo. La caridad se ha de practicar con indiferencia y ausencia total de afecto. Debe, pues, practicarse no para hacer el bien a los necesitados sino para eliminar la dureza del propio corazón.

Su actividad psíquica la enfocan sobre la problemática del alma, no sobre la existencia, lo que les lleva a aceptar el camino del ascetismo como el único válido. Cada persona debe salvarse por ella misma, la liberación es pues, una cuestión individual.

Para el seguidor del budismo hinayana la persona se divide en cinco partes:

- La corporeidad o rupa.
- Las facultades sensoriales o vedana.
- La percepción o zanjan.
- La configuración o samskara.
- La conciencia o vijñana.

Ninguno de estos componentes es permanente y absoluto, pero sólo en ellos se puede encontrar el substrato permanente de la persona humana.

El nirvana, en este caso, se alcanzaría cuando la persona se «desliga» de la rueda y deja de renacer. Sólo se puede llegar al conocimiento absoluto por la experiencia del éxtasis místico, por lo que la única salida es llevar el nirvana al estado de trascendencia absoluta.

Los bhiksu

Los bhiksu se afeitaban cuidadosamente el cabello, la barba y el bigote. Tenían tres vestidos de un algodón burdo teñido de ocre, que recogían de las basuras o que les había cedido algún laico. Se dedicaban a mendigar comida en los pueblos y ciudades que luego llevaban a sus monasterios para compartir con los otros monjes.

Cualquier comida debía hacerse antes del mediodía, a partir de esa hora no podían ingerir ningún otro alimento.

Dedicaban su tiempo a la meditación, al estudio y a la limpieza. Aunque a menudo partían para difundir la doctrina entre la población.

Las noches de luna llena se reunían en un refugio especial donde su superior recitaba un resumen del código monástico, el *Pratimoksa*, mientras los monjes hacían una especie de confesión enumerando las transgresiones que habían cometido.

El budismo vajrayana

En el siglo VII aparece el budismo vajrayana que también se conoce como tantrismo debido a que sus libros sagrados se denominan tantra. Combina la práctica del yoga con un ritual bastante complicado que mezcla la magia y la veneración hacia distintas divinidades. Su doctrina se apoya en la de Asanga, el filósofo hindú, de la que extrae las consecuencias más atrevidas.

El conocido como Camino del Diamante es descrito a menudo como la joya de las enseñanzas de Buda. El vajrayana usa una extensa gama de símbolos y rituales para conectar con la energía subconsciente del practicante, lo que le servirá para alcanzar la Iluminación. El budismo tántrico es una tradición esotérica ya que depende, en gran medida, de la iniciación por parte de un maestro espiritual. Se trata de una forma avanzada para quienes ya han alcanzado un notable desarrollo y una gran actitud compasiva. Los maestros del vajrayana escogen escrupulosamente a sus discípulos, ya que tratan de que su motivación sea pura y sean capaces controlar la energía liberada por medio de la práctica tántrica.

El nirvana

Su significado podría traducirse como «extinguir o apagar mediante un soplo». Nirvana es el estado resultante de la liberación de los deseos, de la conciencia individual y de la reencarnación, que se alcanza mediante la meditación y la Iluminación. Es, también, un estado trascendente alcanzado por la liberación del deseo y la conciencia individual. La liberación del deseo y por tanto del sufrimiento consiguiente constituye la Iluminación o experiencia del nirvana.

La extinción de la conciencia individual está ligada al concepto de vacío. Según el budismo, este vacío es la verdadera naturaleza de la conciencia, donde el mundo de la forma es aparente, ilusorio. Nirvana es la fusión o identificación de la conciencia con su realidad verdadera y fundamental, con su estado trascendente.

Al alcanzar este estado se llega a la liberación de todas las ataduras de la vida, desapareciendo el sufrimiento, el deseo y la conciencia individual. Sólo se llega al estado de liberación cuando el individuo consigue liberarse de las leyes del karma y del samsara, la rueda que lleva al ciclo de nacer, vivir, morir, volver a nacer, reencarnarse, etc.

Se consigue alcanzar un estado de paz al fusionarse con el principio supremo o trascendental del vacío. El mundo de la forma sigue existiendo en este momento pero ya no afecta a la persona porque ya no se identifica con ella. El ego deja de tener ataduras y sólo responde a su verdadera esencia.

¿Cómo se alcanza el nirvana?

Para los budistas, el nirvana se puede alcanzar a través de una meditación profunda, en la cual el ser se siente conectado con el Universo y con su espíritu a la vez que pierde todo deseo banal. Pero para seguir este camino es muy importante conocer las cuatro nobles verdades, que son:

1. Dukkha, o la naturaleza de la vida es sufrimiento. Todo en la vida remite a ello, el nacimiento, la vejez, la enfermedad, la muerte... todo es sufrimiento.
2. La segunda noble verdad es el origen de dukkha, el deseo o sed de vivir acompañado de todas las pasiones o apegos. Es el deseo que produce nuevos renacimientos: el deseo por los placeres sensuales, por la existencia y el deseo por la no existencia.
3. La tercera noble verdad es el fin de dukkha, alcanzar el nirvana, la verdad absoluta, la realidad última. Es el fin de ese mismo deseo, su abandono, liberarse del mismo, su no dependencia.
4. La cuarta noble verdad es el sendero que conduce al sufrimiento y a la experiencia del nirvana.

Además de todo ello hay que seguir lo que se conoce como los ocho pasos:

- Recta comprensión (samina ditthi)
- Recto pensamiento (samma sankappa)
- Rectas palabras (sammma vaca)
- Recta acción (samma kammanta)
- Rectos medios de vida (samma ajiva)
- Recto esfuerzo (samma vayama)
- Recta atención (samma sati)
- Recta concentración (samma samadhi)

El budismo muestra que el nirvana es el estado más alto del ser, un estado de existencia pura. El nirvana desafía la explicación racional y el orden lógico y por lo tanto su fin último es ser realizado.

2. Meditar para alcanzar la sabiduría

La meditación o también llamada atención consciente, es un proceso mental que consiste en enfocar la atención. Puede suceder que la meditación tenga un objetivo específico o que carezca de él. En este caso se trata de la atención consciente pura o meditación zen.

El iniciado en la meditación suele centrar la atención en lo siguiente:

- Una sensación corporal, como la respiración.
- Una parte del cuerpo, como alguno de los siete chakras o centros de energía (que son la parte sutil de las siete glándulas endocrinales más importantes de nuestro organismo físico).
- Una acción o proceso, como comer, caminar o fregar los platos.
- Un objeto físico, como la llama de una vela.
- Un mantra (ya sea un único sonido, una serie de sonidos o un cántico).
- Un pensamiento, como la idea de la paz, la alegría, el amor o la compasión.
- Una visualización (una forma especial de meditación basada en la imaginación creativa, de tal forma que pueda dibujar en la mente conceptos como la luz, el vacío, etc).

Las imágenes, los pensamientos y las construcciones mentales surgen del inconsciente y pasan por la mente como nubes en el cielo. Esta actitud surge de una concentración profunda en la postura y la respiración y permite controlar la actividad mental, lo que redundará en una mejora en la circulación cerebral.

La sangre fluye hacia las capas más profundas del cerebro, que despiertan de su estado de somnolencia. Su actividad produce una sensación de bienestar, serenidad y calma, liberando las ondas cerebrales.

Antes de empezar

En el momento de empezar un momento para la meditación hay que tener en cuenta ciertos condicionantes:

- Busque un lugar en casa, en el jardín, en un parque, o donde sea, en el que se disponga de cierto espacio y sobre todo, intimidad y silencio.
- Cualquier postura puede meditar, pero la preferible es la postura de loto (la postura del buda), ya que la colocación de la columna ayuda al estado de concentración y permite una libre respiración. Si esta postura le resulta muy incómoda coloque unos cojines debajo de los glúteos para elevarse y que no le resulte tan complicado doblar las rodillas. Si aún así le resulta demasiado incómodo o doloroso mantener recta la espalda, adopte cualquier postura que le permita respirar libremente y que resulte confortable.
- Utilice ropa cómoda y ligera que no apriete y que le permita respirar con libertad.
- Pídale a las personas que le rodean que le permitan este momento de intimidad sin interrupciones.
- La mejor hora para meditar es nada más levantarse o antes de acostarse.
- Procure no tener el estómago lleno, o haber hecho ya la digestión.

La respiración

La respiración surge de una postura correcta. Se trata de establecer un ritmo lento, fuerte, basado en una espiración suave, larga y profunda. El aire se expulsa lentamente por la nariz mientras que la presión, debida a la espiración, baja con fuerza al vientre.

Una vez adoptada la postura sentada poner la atención en el cuerpo mediante un pequeño ejercicio de relajación. Observar nuestra respiración, prestando atención al movimiento del diafragma, del pecho, a la garganta, la nariz. Una vez captadas las sensaciones hay que tratar de ser consciente de la respiración, inhalar y exhalar de manera profunda.

Observar cómo el aire entra por las fosas nasales y empezar a enumerar las respiraciones después de cada respiración hasta llegar hasta diez y proseguir así durante los cinco siguientes minutos.

Seguir contando las respiraciones en ciclos de diez, pero realizando el conteo antes de cada respiración.

Dejar de contar y mantener la atención consciente en todo el proceso respiratorio, las sensaciones físicas profundas producidas por la respiración, como el ritmo, durante cinco minutos más.

Enfocar la atención en las fosas nasales y en el labio superior, buscando la sensación que se produce al entrar en contacto el aire con esa zona del cuerpo.

Es bastante habitual que en este proceso surjan distracciones en forma de pensamientos, molestias físicas, falta de energía o ansiedad. Para tratar estos síntomas basta con darse cuenta de ello y volver a la práctica con paciencia una y otra vez. Cualquier persona puede aprender a meditar y llegar así a un estado de calma y relajación.

La postura

La postura más adecuada para meditar es la del loto o medio loto. La espalda debe estar bien recta, desde la pelvis hasta la nuca, con las lumbares ligeramente arqueadas y el mentón metido hacia dentro. Los hombros deben estar relajados y las manos juntas el regazo realizando el mudra de la sabiduría.

Mudra de la sabiduría

Un mudra es un gesto sagrado realizado con las manos y que es capaz de llevarnos a diferentes estados de consciencia. Generalmente los mudras se realizan con las manos, pero también existen mudras que se hacen con los ojos, el cuerpo o mediante técnicas de respiración.

El mudra de la sabiduría se realiza uniendo el dedo pulgar con el dedo medio de en cada mano, mientras que el resto de los dedos quedan extendidos; con esta posición lo que se pretende es conectarnos con la sabiduría universal.

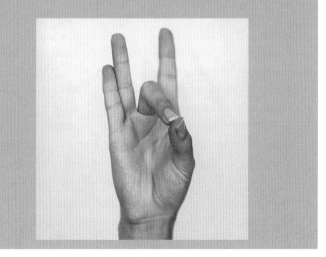

La mano izquierda descansa sobre la derecha haciendo un cierre con los dedos pulgares que se tocan las puntas. La postura del loto es tranquila, silenciosa, y fomenta la contemplación. Como ejercicio físico, tonifica los órganos abdominales y fortalece la columna y la parte superior de la espalda.

Simboliza un triángulo o pirámide que controla y regula la energía de la vida.

- Sentado en el suelo con las piernas estiradas hacia delante, mantenga la espalda erguida y los brazos apoyados a los lados.
- Flexione la rodilla derecha llevándola hacia el pecho y empiece a rotarla hacia fuera desde la cadera, de forma que la planta del pie derecho quede mirando hacia arriba. El empeine del pie derecho deberá quedar apoyado en la zona en la que se flexiona la cadera.
- Flexione la rodilla derecha de forma que pueda cruzar el tobillo izquierdo por encima de la parte superior de la espinilla derecha. La planta del pie izquierdo también deberá mirar hacia el cielo. El empeine y el tobillo deberán quedar apoyados en la zona en la que se flexiona la cadera.
- Junte las rodillas acercándolas todo lo posible. Lleve el sacro y los abdominales hacia el suelo y siéntase erguido. Presione los cantos exteriores de los pies contra los muslos, elevando la parte exterior de los tobillos. De esta forma, reducirá la presión entre las espinillas.
- Apoye las manos sobre las rodillas, con las palmas mirando hacia arriba.
- Coloque las manos en la posición del mudra de la sabiduría, juntando el índice y el pulgar de cada mano. Extienda los demás dedos, pero deje el índice y el pulgar cerrados en forma de «o». Este mudra le ayudará

a mantener la calma mientras realiza unas cuantas respiraciones de meditación.

- Cuando esté listo para terminar, abandone la posición de loto muy despacio, extendiendo las piernas hacia delante con cuidado. Mientras sale de la posición de loto, vaya parando paso por paso durante unos minutos para meditar.

Otras posturas para sentarse a meditar

- La posición birmana: Esta es la posición más simple en la cual las piernas se cruzan con ambas rodillas descansando sobre el suelo, un tobillo está enfrente del otro, no encima.
- La posición del medio loto *(hankafuza)*: Se realiza colocando el pie izquierdo en el muslo derecho y metiendo el pie derecho bajo el muslo izquierdo.
- La posición de rodillas *(seiza)*: Se realiza de rodillas con las caderas descansando sobre los tobillos.
- La posición de la silla: Sentado en una silla también se puede meditar. La condición es que la espalda debe mantenerse bien recta.
- La posición de pie: Esta es una posición útil, practicada en Corea y China, para la gente que no puede sentarse por largos períodos de tiempo. La persona se coloca de pie, con los pies ligeramente separados (paralelos a los hombros). Los talones deben estar ligeramente más juntos que los dedos pulgares. Coloque sus manos sobre el estómago, la mano derecha sobre la izquierda. No cruce las rodillas, no deben estar bloqueadas.

Zazen, el secreto del zen

Zazen es sentarse a meditar en la posición del loto. Con ello se consigue abrir una puerta a lo más profundo del ser para indagar en el desarrollo de la conciencia. Gracias al zazen cada persona es capaz de regresar a su propia esencia particular y así convertirse en una totalidad. La consecuencia más inmediata es una cierta paz interior en la que se abandonan todas las distracciones externas y se vuelve al espacio de origen dentro de uno. Zazen permite que cada persona pueda convertirse en ella misma, en su verdadera esencia.

Lo primero a considerar es el alineamiento de nuestro propio cuerpo. Una vez alineada la postura física la persona es capaz de profundizar y alinear la respiración que conecta cada parte del ser.

Al activarse el cuerpo en nuestra vida cotidiana, la actividad física resulta en consonancia a los requerimientos laborales, olvidando la percepción del centro. La mayoría de la gente utiliza la cabeza para realizar su trabajo, dejando de percibir el foco de su energía vital o chi. Todas estas actividades cotidianas afectan la forma de balancearnos y centrar nuestros cuerpos.

Durante el zazen, en vez de mirar hacia fuera y mover el cuerpo orientado hacia el exterior, la persona permanece en calma tratando de verter su mirada hacia el interior. Por eso el balanceo en el zazen es tan importante.

Para saber si la postura adoptada es adecuada es preciso sentir un bienestar y ligereza que dará indicación de que el cuerpo se halla totalmente centrado y balanceado. Se puede observar el cuerpo humano como dos mitades separadas: de la cintura hacia arriba y de la cintura hacia abajo. En la mitad superior se hallan los sentidos y la habilidad de pensar, mientras que en la parte inferior se halla el centro de la vida energética, la que dota a la persona de su capacidad activa.

Tener sabiduría y claridad es fundamental para el crecimiento personal. Pero para que el cerebro y los sentidos trabajen adecuadamente es importante que la base energética del cuerpo se halle centrada y equilibrada.

La práctica del zazen

En la posición del loto, coloque las palmas de la manos hacia arriba sobre las rodillas e incline la mitad superior del cuerpo de izquierda a derecha varias veces. Sin mover las caderas, mueva el tronco como si se tratara de una barra hacia un lado y luego hacia otro, estirando los músculos de la cintura y de las caderas. También puede inclinarse hacia delante y hacia atrás.

Se debe realizar un movimiento amplio en primera instancia para ir cerrándolo cada vez más hasta llegar a un ligero balanceo, cesando este cuando el cuerpo se halle en una posición completamente recta e inmóvil.

Durante el zazen, respire silenciosamente por la nariz. No trate de controlar la respiración. Permita la entrada y salida del aire naturalmente de forma que pueda olvidar que está respirando. Permita que las respiraciones largas sean largas y que las cortas sean cortas. No haga respiraciones fuertes y ruidosas.

Cuando finalice el zazen, coloque sus manos con las palmas hacia arriba sobre los muslos, balancee el cuerpo varias veces, primero lentamente y luego más pronunciadamente. Inspire y estire las piernas. Muévase lentamente y en ningún caso trate de ponerse de pie de manera brusca.

Kin hin, meditación en movimiento

El kin hin es una forma de meditación en movimiento que se realiza caminando. Se puede llegar a él tras haber practicado largo tiempo la meditación zazen.

Muchas veces, la gente camina de manera automática sin ser conscientes de su cuerpo y de sus movimientos. Kin hin da la posibilidad de practicar una meditación completa mientras se camina en plena conciencia, con la atención puesta en cada paso.

Además de ser un completo ejercicio cardiovascular, es una oportunidad de observar nuestra postura corporal y encontrar un ritmo natural sin el impulso de una meta.

Cada paso debe ir acorde con la respiración. Con la inspiración se avanza, con la espiración se mantiene la inmovilidad llevando el peso del cuerpo sobre el pie delante, sintiendo la presión de la raíz del dedo gordo del pie en el suelo y la pierna estirada. La posición corporal sigue el eje vertical que forma la columna vertebral y la nuca, con la barbilla recogida al igual que se practica en el zazen. La respiración completa se produce de manera natural.

En cada paso, mente y cuerpo caminan juntos, siempre en dirección de las agujas del reloj y a menudo en una misma habitación. Cada paso debe ser completado con una respiración profunda. La posición de los ojos debe ser la misma que en la meditación zazen, entreabiertos. La columna vertebral debe permanecer lo más recta posible durante la marcha.

Mientras se camina no se puede mirar el rostro de las otras personas, de manera que la mirada se vuelca así hacia el interior mientras el pensamiento discurre.

La posición de las manos es de vital importancia también. Se debe cerrar el dedo pulgar izquierdo dentro de la palma de la mano, colocando el resto en forma de puño y poniendo el puño a la altura del plexo solar mientras que la mano derecha descansa con la palma cubriendo el puño izquierdo y los brazos se hallan paralelos al suelo. Los hombros deben estar relajados para que la posición abierta de los codos pueda ser cómoda.

Zanshin, el espíritu del gesto

Zanshin no es otra cosa que estar en plena presencia en todos los gestos y en todos los momentos de la vida. Es una manera de soltar la pesada carga mental para hacer que la realidad de la existencia sea vívida, despierta y libre. Ello prueba que la vía espiritual se pone a prueba en cada momento de la existencia.

La práctica del zanshin se debe aplicar a todos los actos de la vida. La belleza natural del cuerpo es el resultado del entrenamiento del espíritu en la concentración de los gestos.

De esta manera, los gestos se vuelven fáciles y controlados a través de la práctica.

En su origen la palabra zanshin proviene del arte del combate con sable y significa «prestar el máximo de atención al adversario». Zanshin se aplica a cualquier acto de la vida. Es un término japonés que expresa el concepto vigilancia o alerta, aunque esta técnica posee connotaciones que van más allá de la pura estrategia marcial. Los maestros japonenes enseñan que zanshin es también una forma de exteriorizar la vigilancia durante y después de la acción.

Para el desarrollo del zanshin es preciso un cierto dominio de las técnicas respiratorias y un profundo conocimiento de la mente humana. Junto a ello, vivir el instante de una manera intensa, participar de una vida plena y hacer ejercicio físico son las condiciones necesarias para la propia supervivencia.

Existen varias formas de zanshin, pero son tres fundamentalmente las más importantes.

- Zanshin negativo: Se trata de un estado natural que les permite a ciertas personas tener la percepción de que se hallan en situaciones de peligro. Sería algo similar al estado de alerta en el que viven los animales salvajes, siempre pendientes de un posible depredador. Es el temor a perder las posesiones y corresponde a un estado natural y no tanto a una capacidad desarrollada con entrenamiento. Es, por tanto, de naturaleza incontrolada, por lo que sus efectos pueden ser beneficiosos o perjudiciales. Los cambios emotivos, las explosiones incontroladas de cólera o las depresiones provocan una capacidad para centrarse sobre el yo individual y con ello arrastrar problemas de desequilibrio.

- Zanshin neutro: Se trata de la disponibilidad para responder a un estímulo exterior. En este punto se encuentra la calma en la acción y la estabilidad en medio del discurrir diario. Se entiende que la persona, en este momento, ha hallado la sede del chi, el lugar desde donde se origina su energía interior.

- Zanshin positivo: Es una poderosa irradiación desde el interior que rodea al adversario e inhibe su espíritu hostil. Surge desde el mismo chi como una potente emisión de energía y que dota al individuo de una capacidad de intuición.

La práctica del zanshin enlaza la vía espiritual con el espíritu absoluto. De esta manera la existencia se entiende como un «despertar». Los gestos diarios dejan de ser pura acción mecánica para ser movimientos armónicos, bellos, ni demasiado tensos ni demasiado relajados. Se adquiere consciencia del propio cuerpo y el cuerpo se alinea de manera fluida.

Satori, o el despertar mediante la Iluminación

Satori significa Iluminación, esto es, la adquisición de nuevos conocimientos que permiten una mayor claridad de percepción. Es el momento de comprensión en el que se descubre que sólo existe el presente.

Satori es la razón de ser del zen, sirve para comprender la realidad tal y como es. Despertar, volver al origen, recuperar la naturaleza inicial sin grandes sacrificios. Uno de los grandes pensadores budistas que estableció la verdadera dimensión del satori fue Daisetsu Teitaro Suzuki.

El primer estado de despertar se denomina kenshou y significa «observar la naturaleza». Alude a un despertar temporal en el que se puede vislumbrar la verdadera naturaleza de la persona.

El verdadero satori es un estado de Iluminación definitivo en el que se alcanza la naturaleza de Buda y en el que la percepción de la verdad se mantiene. Cuando el Ser despierta, el ego cede su lugar. Cuando una persona despierta, cambia su conciencia.

El despertar espiritual está ligado inevitablemente al bienestar de la humanidad. Una persona que ha despertado puede penetrar en la verdad y descubrir los lazos que impiden llegar a la libertad. Es la luz sobre la oscuridad: el Iluminado puede ver con claridad el mundo que le rodea.

Quien alcanza el satori puede desconectarse y olvidarse de los deseos contradictorios y dejar de sufrir con las miserias de la vida. Satori lleva consigo disipar todas las dudas e indecisiones que nos corroen.

«Antes del satori, los ríos eran ríos y las montañas eran montañas. Al acercarnos al satori, los ríos dejan de ser ríos y las montañas dejan de ser montañas. Al alcanzar el satori, los ríos vuelven a ser ríos y las montañas son montañas.»

Daisetsu Teitaro Suzuki

Japonés, autor de libros y ensayos sobre budismo zen, traductor y divulgador de esta disciplina en Occidente. Nació el 18 de octubre de 1870 en Honda-machi, Ishikawa, y falleció el 22 de julio de 1966.

Para Suzuki, el satori o despertar era la meta tradicional de la disciplina zen, su fin último. Tras una Iluminación experimentada a la edad de 27 años, el maestro Suzuki dedicó los setenta y cinco años restantes de su vida a recorrer el mundo y transmitir unas enseñanzas que tuvieron una influencia decisiva para la difusión del zen en Occidente.

Mondo y koan

Los instrumentos de los que se sirve el zen para alcanzar su fin son la meditación, el koan y el mondo. El lector ya tiene una buen esquema sobre la meditación en apartados anteriores, así que vamos a hablar ahora de mondo y koan.

Koan

El koan puede entenderse como un juego de palabras, una pregunta aparentemente irresoluble sobre la que los discípulos deben concentrarse, meditar sobre ella, a menudo durante años para lograr dar con la solución.

Existen muchos koan diferentes, miles de ellos, pero a menudo es suficiente con meditar sobre uno de ellos para alcanzar el desarrollo deseado. En apariencia son adivinanzas absurdas que cumplen la función de poner en un aprieto al intelecto humano, bloquearlo hasta que se pueda resolver el problema intelectualmente y el discípulo descubre una respuesta más allá del intelecto.

La finalidad última de un koan es modificar la consciencia del discípulo, tratando de completarla para que alcance la Iluminación.

El koan es un medio para domar y disciplinar la mente y predisponerla a recibir la luz mediante la meditación. La meditación acerca del koan provoca que el discípulo se comprometa en su trabajo.

Y es que la meditación no sólo se ha de entender durante un momento especial del día sino que se ha de practicar a lo largo de toda la jornada. La persona debe emplearse constantemente en la meditación acerca del koan, ya sea durante semanas, meses o años. De tal manera que la mente se prepare para descubrir la verdad al final de todo este proceso.

Es importantísima la figura del maestro que, en un momento determinado, puede juzgar oportuno intervenir o no para ayudar a su discípulo. También puede empujarlo en el estudio para alcanzar más fácilmente la meta. Cuando el alumno está preparado, el maestro, con sus gestos simbólicos, puede despertar el estado de consciencia en el que encontrar una fácil respuesta al koan.

Traspasadas las barreras del intelecto, el mundo se revela en su ilusión, en su eterno fluir. Es la manera de llegar al satori o Iluminación.

Algunos ejemplos de koan

En la cultura occidental, un tanto ajena a las sutilezas de la filosofía oriental, a veces se encuentra el término koan referido a preguntas que no tienen respuesta o a enunciados sin sentido. Sin embargo para un monje zen, un koan no es algo que no tenga sentido, y los profesores zen aguardan una respuesta adecuada cuando formulan un koan.

«Maestro, ayúdame a encontrar la liberación.

- ¿Y quién te tiene prisionero?

- Nadie.

- ¿Por qué buscas la liberación entonces?»

- Cuando tengo hambre, como; cuando tengo sueño, duermo.

- Pero esas cosas las hace todo el mundo.

- No es cierto. Cuando los demás comen piensan en mil cosas a la vez. Cuando duermen, sueñan con mil cosas a la vez. Por eso yo me diferencio de los demás y estoy en el camino verdadero.»

«Dos monjes iban hacia su monasterio cuando al pasar un río escucharon los gritos de una dama que pedía socorro. Era una joven que estaba en peligro de ahogarse. Uno de los monjes se tiró al agua, tomó a la hermosa joven en sus brazos y la puso a salvo en la orilla. Tras despedirse los monjes continuaron su camino. Transcurrido un tiempo el que no había hecho nada dijo:

- Deberías saber que nuestras normas no permiten tocar a mujer alguna.

- Yo tomé a esa joven con mis brazos y luego la dejé en la orilla. Tú todavía la estás cargando.»

«- Maestro, ayúdame a encontrar la verdad.

- ¿Percibes la fragancia de las flores?

- Sí.

- Entonces no tengo nada que enseñarte.»

«- Maestro, ¿qué es la verdad?

- La vida de cada día.

- En la vida de cada día sólo aprecio las cosas corrientes y vulgares de cada día y no veo la verdad por ningún lado.

- Ahí está la diferencia, en que unos la ven y otros no.»

«- Maestro, ¿cómo haré para encontrar el sendero?

- ¿Escuchas el ruido del torrente?

- Sí.

- Ahí está la puerta.»

«Hubo un maestro que, levantando su bastón en el aire decía a sus discípulos:

- No lo llaméis bastón: si lo hacéis, afirmáis.

No neguéis que es un bastón: si lo hacéis, negáis. Sin afirmar ni negar entonces podéis hablar.»

Mondo

Se trata de un diálogo de instrucción privado que se lleva a cabo entre maestro y discípulo. El alumno le da a conocer sus problemas al maestro y este instruye a su pupilo con una técnica dialéctica rápida y sintética.

Mondo significa literalmente «pregunta y respuesta». El mondo zen difiere del diálogo porque es básicamente corto, abrupto y no forma parte de una serie. El mondo apunta directamente a la mente. Pero como el zen recurre al lenguaje para expresarse, de manera inevitable se convierte en víctima de todos los inconvenientes, todas las contradicciones inherentes al lenguaje. El mondo trata de reducir esas imperfecciones al mínimo.

De todas maneras, carece de un carácter uniforme ya que varía indefinidamente según sean las circunstancias.

Diálogo con el maestro

«- Maestro, me preocupa a quien seguiré consultando cuando tú te vayas, te mueras o desaparezcas. ¿Cómo seguiré aprendiendo?

- Hijo, si yo desapareciera tu podrás seguir consultando al que siempre has consultado, a ti mismo. Nada de lo que sabes o has aprendido ha nacido de mí; siempre estuvo en ti y tu mismo lo descubriste. Así que deja de preocuparte y sigue caminando porque ni siquiera puedes estar seguro de que yo realmente existo y no soy más que una simple alucinación de tu mente.»

«- Maestro, ¿hay alguna manera de lograr que todos los seres humanos se transformen y vivan en paz y armonía?

- Hijo, elimina el miedo a la muerte y el miedo a la supervivencia diaria. Si logras evitar que nos llegue la muerte, y resuelves el problema del sustento y el bienestar diario de todos los humanos, verás que todos se transforman en verdaderos monjes zen. La gente ya no sufrirá la angustia por lo desconocido que trae la muerte, ni las angustia por no saber que comerá mañana, y sólo por eso dejará la violencia.»

3. Los caminos del zen

El verdadero carácter del zen es que es capaz de dotar de vida a disciplinas muy diferentes, aunque manteniendo su propio espíritu. El zen permite el contacto inmediato con la vida y logra que se realice la unidad del hombre con el Universo. Es capaz de transformar todos los oficios en arte como muestra de la perfección del alma humana que se expresa siempre como ejemplo de belleza.

El zen es como un gran lago de agua dulce que sacia a todos aquellos sedientos que se acercan a él. La cantidad de agua que se puede beber depende de la necesidad de la persona y del recipiente que lleve consigo para llenarlo.

Wu wei, el principio de la inacción

«El sabio se ocupa de lo no dicho,
y actúa sin esfuerzo.
Al enseñar sin verbosidad,
producir sin poseer,
crear sin tener en cuenta el resultado,
y afirmar nada,
el sabio no tiene nada que perder.»

Lao Tsé

Wu wei es un principio que afirma que todas las cosas se mueven en el vacío y que propugna la ausencia de toda injerencia en el desarrollo de las cosas: no tratar de aferrar, no tratar de golpear, dejar que cada cosa se mueva y fluya con su propia fuerza.

No se hace crecer antes una planta tirando de ella. Como mucho se consigue arrancarla de raíz y hacer que muera. Wu wei es la contemplación en la acción, no forzar el ahora en nombre de un mañana, dejar que la naturaleza fluya con sus ciclos y sus ritmos. Encontrar el gozo y el valor de las cosas en la acción misma, y no en una lejana finalidad. Con ello podremos abrir los ojos y descubrir un mundo nuevo que permitirá disfrutar cada acción y cada acto.

Las tres pautas que permiten desarrollar el wu wei son:

1. La tranquilidad: Es la virtud de no desasosegarse con facilidad, el dominio en la eliminación de los movimientos tanto físicos como emocionales o mentales. La tranquilidad nace al amparo de la madurez y la experiencia, pero también se trata de una actitud asumible

y adaptable a cualquier época de la vida que se adquiere a través de un aprendizaje consciente.

2. La ligereza es la virtud de no cargar de contenidos densos los diferentes sucesos de los que somos protagonistas en la vida. También puede definirse como el dominio para discernir adecuadamente entre aquello que es importante y lo que no lo es. Aquello que es realmente importante «un hombre de verdad es capaz de llevarlo dentro de sí mismo».

3. La sencillez: Es la virtud de gestionar la vida con la menor inversión de tiempo, esfuerzo, energía y medios posibles. Es una de las actitudes a tomar ante la vida más queridas y admiradas por los seguidores del budismo zen.

Este vacío e inacción significan no correr a lo largo de la vida, sino deslizarse y dejar que fluya a nuestro lado porque la libertad surge con la completa adhesión a la realidad.

Los obstáculos de la práctica

El zen se presenta ante cada persona de una manera diferente, adaptado a la naturaleza de cada uno, a sus gustos, al concepto que se tenga de la belleza y de la realidad.

Es habitual que muchas personas, al inicio de la práctica experimenten ciertos rechazos hacia ciertos aspectos de la práctica del zen. Superar dichos rechazos depende básicamente de la actitud que se adopte. Estos obstáculos o problemas pueden ser de diversa índole:

Obstáculos corporales: Los principiantes tienen ciertas dificultades con las posturas de zazen. Aunque sea posible adoptar la postura del loto durante unos minutos, a menudo acaba convirtiéndose en una experiencia traumática y doloro-sa. Esto sucede en parte porque los tendones, los músculos, la estructura corporal, no está acostumbrada a la postura del zazen. Pero como casi todo en esta vida es un entrenamiento, algo que debe superarse con esfuerzo y paciencia. Con el tiempo el cuerpo se adaptará perfectamente y se instalará cómodamente en cualquier postura que se le plantee.

En el dolor hay un fuerte componente psicológico y mental. Por eso, cuanto más fuerte sea la consciencia del ego, más insoportable será el dolor. Al remitir el ego, el dolor deja de ser una amenaza y se convierte en una simple sensación más.

Las mentes inquietas suelen sufrir menos que las mentes serenas. Y es que, cuando el cerebro alcanza un estado de profunda quietud se segregan endorfinas que son las respon-sables de hacer desaparecer el dolor.

Las endorfinas

Uno de los descubrimientos científicos más importantes de las últimas décadas demostró que la felicidad está vinculada con un estado bioquímico que todos podemos alcanzar. Las cari-cias, el deporte, o una buena comida aumentan los niveles de estas sustancias, estimulantes naturales de las sensaciones placenteras.

En cambio, el nivel de en-dorfinas disminuye en mo-mentos desagradables: duran-te una discusión, una caída o un accidente.

Zazen es un entrenamiento físico y corporal en que la arquitectura muscular sufre una potente transformación y el cuerpo se adapta para la meditación profunda. No es una tarea fácil, pero al tratarse el hombre de un ser adaptable y dúctil esto es posible. Lo único que se precisa es perseverancia y ciertos ejercicios de estiramientos musculares que harán más fácil y llevadera la tarea.

Otro obstáculo importante que surge es el apego a las formas. Los gestos y comportamientos inhabituales que enseña el zen a menudo ocasionan cierto rechazo a los no iniciados. Es recomendable vencer esas fijaciones que no corresponden sino a patrones mentales preestablecidos, descubrir el sentido profundo que amaga cada gesto y vivir la experiencia en toda su plenitud.

Obstáculos intelectuales: Con la práctica del zazen se van incorporando progresivamente las enseñanzas del budismo, unas enseñanzas que servirán para que los practicantes aprendan a conocerse mejor a sí mismos. Puede suceder que las enseñanzas recibidas choquen frontalmente con nuestros propios prejuicios o que aspectos de esa enseñanza puedan parecer extraños. Hay que comprender que el zen es una experiencia que tiene como fin conducirnos a nuestra verdadera naturaleza original. Para ello es importante estar muy atentos a las enseñanzas del maestro y trabajar la receptividad intelectual y emocional de cara a abrirse a esas nuevas experiencias.

Pero no se trata tan sólo de escuchar las enseñanzas del maestro, hay que asimilarlas y plantear las dudas que se tengan en un diálogo abierto (mondo). Una vez asimiladas las cuestiones, hay que reflexionar sobre ellas para que la práctica del zen sea productiva. Si se tiene confianza en el maestro, se continuará la práctica, aunque momentáneamente no se tenga una perspectiva clara de ella. De lo contrario, la práctica en cuestión será abandonada.

La actitud correcta consiste, pues, en ensanchar las fronteras de la mente y abrirse a la comprensión intelectual del zen. Los obstáculos intelectuales sólo pueden ser disueltos en la medida que las personas se liberan de sus propios prejuicios y de antiguos conceptos.

Obstáculos emocionales: Toda categoría mental siempre se acompaña de una carga emocional que produce una reacción de apego, rechazo, amor, odio, etc. Se suele sentir apego a lo que ya se conoce y se rechaza lo nuevo, lo que no se conoce. La práctica del zen incluye un proceso de observación y contemplación para analizar cualquier concepto nuevo que entre a formar parte de nuestro universo particular.

De esta manera, con la práctica constante del zazen, la actividad mental se irá calmando y se podrán contemplar con mayor serenidad las perturbaciones que puedan originarse.

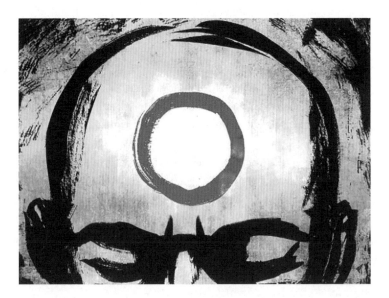

El desarrollo de una consciencia zen

Los estados de consciencia pueden vivirse de manera paralela a como se desarrolla espiritualmente una persona en el zen.

El primer estadio es naraka, el infierno, el sufrimiento, la pena, la queja continua. En este estado la mente vaga hacia todas direcciones y se dispersa en una confusión ansiosa, con la sensación que no hay un sentido en todo lo que realiza. Las emociones y la mente del discípulo se hallan encogidos, atormentados, ansiosos. El hombre vive así una vida de dolor y de sufrimiento de la que trata de huir pero que percibe está condenado a vivir y a soportar.

El segundo estadio a que se enfrenta el hombre es el de preta, dominado por el hambre y la sed de vivir. Son las personas que tratan de acumular riqueza, alimentos, pensamientos, sin ningún sentido ni fin. Suelen ser personas que están siempre en tensión y por tanto sus músculos se hallan contraídos. Las enfermedades que afectan a estas personas suelen ser bastante previsibles.

Tiryag yoni es otro de los tipos humanos que se basan en la estupidez y los prejuicios. Está formado por criaturas animales no humanas, carentes de sutiliza por tanto, que no se preocupan por si su esfuerzo es útil o no lo es. Suelen seguir las normas de la comunidad pero carecen por completo del sentido del humor.

Hikari Kiyoshi

Los seis reinos del samsara o de la Existencia

El budismo sostiene que existen seis reinos del samsara o de Existencia en los que la conciencia se encuentra confinada en un ciclo de nacimientos sucesivos del cual sólo sale cuando alcanza la Iluminación. Estos seis reinos de existencia mundana son:

- Reino humano, también conocido como reino manusya, está basado en el deseo, pasión y duda.
- Reino asura, el reino de los semidioses, caracterizados por su ira, arrogancia y tendencias bélicas.
- Reino deva, el reino de los dioses, dotados de felicidad y orgullo.
- Reino animal, o tiryag-yoni, determinados por la estupidez y prejuicio.
- Reino de los pretas, el reino de los espíritus hambrientos, el estado de ser posesivo y el de deseo
- Narakas o nirayas, equivalente al infierno, el reino del sufrimiento.

El cuarto estadio es el de los espíritus asura, los guerreros que combaten. Se caracterizan por su agresividad, aspiran a dominar el mundo mediante la fuerza. Son personajes agresivos y polémicos en su vida social, además necesitan demostrar su superioridad. Su competitividad los obliga a tratar de ser superiores a los demás, sin aceptar injerencias en su manera de hacer. Su rostro suele estar enrojecido por la tensión y su musculación se halla siempre contraída.

El quinto estadio de conciencia es el humano, en el que la meditación se presenta como un proceso más justo y en el que se han superado casi todos los defectos que experimentan los hombres. En este reino, también conocido como manusya la postura es buena, pero no es luminosa, ya que es la postura del hombre común. La mente, en este estado, se halla ocupada por las circunstancias de la vida, los asuntos familiares, el trabajo. Es un hombre honesto, leal, esclavo de la mente y de sus emociones. No es feliz ni se siente feliz.

El siguiente estado es deva, el primero de los estadios superiores. Un deva es una deidad benéfica que pasa por ser invisible al ojo humano. La presencia de un deva se puede detectar en aquellos humanos que han abierto el ojo divino. Son seres felices de una jerarquía no humana y que el cristianismo ha identificado siempre como ángeles.

Su carácter amoroso y feliz les hace ser transparentes y armoniosos con todo aquello que tiene que ver con la Creación. La luminosidad de su espíritu se traduce en un cuerpo armónico y en que es capaz de irradiar fuera de sí aquello que lo hace feliz y perfecto. Su belleza está en consonancia con las leyes del Universo. La alegría de la meditación lo puede sustraer de la vida, ya que siempre se halla demasiado concentrado en sí mismo.

El séptimo estadio es el sravaka. Un sravaka es el discípulo de un Buda. Un discípulo puede ser monje o laico, tanto mu-

Hikari Kiyoshi

jer como hombre. Pero para obtener la liberación, un sravaka sigue y practica las enseñanzas del Buda y eventualmente logra el nirvana. Quienes viven en sravaka han llegado a percibir el satori y por tanto entienden que no son perfectos. Las enfermedades que le aquejan son de tipo espiritual, producto de los límites por la falta de expansión.

Sravaka significa vivir como un sabio, creer que se ha conocido el vacío (ku) y poder comprender la profundidad de los sutra.

El ku o vacío

El «vacío» o «vacuidad» (shunyata, en sánscrito, o ku, en japonés) es un concepto budista fundamental –que también ha sido expresado como no sustancialidad, latencia o relatividad–, según el cual las cosas y los fenómenos no tienen una naturaleza fija o independiente. Esto es, los fenómenos surgen y mantienen su existencia en virtud de su relación con otros fenómenos.

El octavo estadio es pratyeka, cuando el iniciado percibe su naturaleza y la característica esencial que lo distingue: su acercamiento a Buda. La persona entiende que forma parte de la divinidad que impregna toda la creación. Aún así, se arriesga a caer en los límites de todos aquellos que han querido seguir solos el sendero. La soledad puede llevar a cometer muchos errores porque la no presencia de un maestro no favorece para nada la labor.

Los pratyeka serían aquellos bodhisattvas que se esfuerzan por alcanzar y frecuentemente alcanzan la vestidura dharmakaya después de una serie de vidas. Sin importarles para nada las aflicciones y sufrimientos de la humanidad o cómo ayudarla, sino solamente su propia felicidad, ellos entran al nirvana y desaparecen de la vista y de los corazones de los hombres. En el budismo un pratyeka es sinónimo de estar cercano al egoísmo espiritual. No consiente las críticas por considerarlas injustas, ya que entiende que, al convertirse en un buda, ha alcanzado la perfección. Tampoco permite las críticas. No ha conseguido abrirse hacia la compasión por los otros, a los que no conoce porque sólo se ha vuelto hacia sí mismo y hacia su propia perfección.

El noveno estadio es el de bodhisattva, el fin último que desarrolla el zen. Para muchos fieles el objetivo es alcanzar la Iluminación. Por ello se esfuerzan en cultivar la sabiduría y acumular méritos. Esta es la práctica que recorre el bodhisattva.

Hikari Kiyoshi

Bodhisattva

La palabra *bodhisattva* está formada por la unión de dos términos del sánscrito que significan «Iluminación» y «ser consciente», por lo que el término significa un ser consciente iluminado. «Iluminado» se refiere a la cualidad de haber alcanzado, en cierto grado, la iluminación, el despertar, la comprensión o la plena conciencia. Este concepto es muy rico y polivalente, y está lleno de matices. «Ser consciente» se refiere al ser vivo que tiene experiencia del mundo por la conciencia, sentimientos, sensaciones y emociones.

Los textos budistas señalan que los bodhisattvas están comprometidos a guiar a las personas por la senda de la felicidad. Para ello formulan cuatro juramentos universales, que son:

1. salvar a innumerables seres vivos;
2. erradicar los incontables deseos mundanos;
3. dominar las incalculables enseñanzas budistas,
4. lograr la Iluminación suprema.

El camino emprendido por el bodhisattva no sólo puede ser llevado por seres extraordinarios, sino que se trata de una condición de vida inherente que puede ser llevada a cabo por cualquier ser humano común y corriente.

Además de la compasión, el bodhisattva está consagrado a ejercer un dominio de sí, a estudiar y aprender y alcanzar la sabiduría. Pero ninguno de estos objetivos se persigue sólo para perfeccionar o adornar al yo. En la base de todos estos esfuerzos, está siempre la determinación de remover los sufrimientos de los demás y reemplazarlos con la alegría.

El décimo estadio es el de Buda. Es el estadio más alto. El vacío y su verdadera naturaleza se han percibido y realizado últimamente. Su verdadera naturaleza se ha revelado al fin. El buda conoce la verdad porque ha sabido captar la realidad tal y como es y no como se aparece en los sentidos. Vive en calma, sereno. No se encierra en sí mismo sino que vive la vida tal y como es dispensada en la creación.

Se distingue también por ser un Iluminado capaz de ver toda la luz del Universo. La oscuridad ha desaparecido de su corazón y se ve liberado de todos los vínculos y las conductas forzadas. Vivir el secreto del zazen es vivir más allá del pensamiento, vivir el hishiryo.

Vivir el hishiryo

Hishiryo es el pensamiento absoluto, más allá del pensamiento y del no-pensamiento. Más allá de las dualidades, de las oposiciones, de los contrarios. Más allá de todos los problemas de la conciencia personal. Es nuestra naturaleza original, o naturaleza de Buda, o inconsciente cósmico.

Cuando el intelecto se vacía y se vuelve sereno, apacible, nada puede detener la corriente de vida profunda, intuitiva, ilimitada que surge desde lo más profundo de nuestro ser y que es anterior a cualquier pensamiento. Este es el flujo eterno de la actividad del Todo. El espíritu contiene todo el Cosmos y la conciencia se torna más rápida que la luz.

Hishiryo es un estado de percepción, no sólo de los pensamientos y las emociones que devienen sino en un estado de consciencia abierta y completa. El fin que se propone el zen es captar el espíritu de un buda, el estado de sabiduría.

El zen simbólico

El zen concibe el mundo de manera simbólica en la mayoría de ocasiones. Implica un conjunto de significados, prácticas y representaciones compartidas y una constelación de símbolos.

Los Tres tesoros

Una de las constelaciones simbólicas más relevantes del budismo es la llamada Tres joyas o Tres tesoros: Buda, dharma y sangha. Desde el inicio del budismo, todas las personas que desean convertirse en budistas repiten la misma fórmula ritual: «Tomo refugio en el Buda, tomo refugio en el dharma, tomo refugio en la sangha».

El primer tesoro hace referencia a Buda, Sidharta Gautama. Las cualidades que lo definen son la bondad, la serenidad y ciertos poderes sobrenaturales.

Sidharta Gautama, Buda

Las menciones biográficas acerca de la vida de Buda son escasas y fragmentarias. Se sabe que su padre era monarca de los Sakya, clan de la región de Kapilavastu. A su madre no llegó a conocerla, pues falleció una semana después de que él naciera. Tras una infancia y una adolescencia propias de su procedencia cortesana, contrajo matrimonio con su prima Yasodhara, con quien tuvo un hijo varón al que llamaron Rahula. Tras varios años de infructuosa meditación, el día de luna llena de vesakha (mayo del 523 a.C.) se sentó bajo una higuera sagrada en Uruvela, a orillas de un afluente del río Ganges, dispuesto a no moverse de allí hasta alcanzar el verdadero conocimiento. Éste le sobrevino durante la noche, una vez superadas las tentaciones que para alejarlo de su fin dispuso el dios Mara, y Gautama obtuvo la Iluminación, y se convirtió desde entonces en el Buda, que significa el Iluminado.

Otro de los símbolos que a menudo se mencionan es shangha, una palabra que puede definirse como «asociación» o «comunidad». Generalmente son personas que han sido ordenadas como monjes y que tienen la función de mantener, traducir, hacer avanzar y difundir las enseñanzas de Buda.

El tercer tesoro es el dharma que no es otra cosa que la enseñanza escrita en el *Canon Pali*. La médula del dharma budista se encuentra resumida en las *Cuatro nobles verdades*, la enseñanza de Sidharta Gautama en su primer discurso público tras su proceso de Iluminación.

Las Cuatro nobles verdades según Buda

1. La primera noble verdad es dukkha, la naturaleza de la vida es sufrimiento. Ésta, oh monjes, es la noble verdad del sufrimiento. El nacimiento es sufrimiento, la vejez es sufrimiento, la enfermedad es sufrimiento, la muerte es sufrimiento, asociarse con lo indeseable es sufrimiento, separarse de lo deseable es sufrimiento, no obtener lo que se desea es sufrimiento. En breve, los cinco agregados de la adherencia son sufrimiento.

2. La segunda noble verdad es el origen de dukkha, el deseo o «sed de vivir» acompañado de todas las pasiones y apegos. Ésta, oh monjes, es la noble verdad del origen del sufrimiento. Es el deseo que produce nuevos renacimientos, que acompañado con placer y pasión encuentra siempre nuevo deleite, ahora aquí, ahora allí. Es decir, el deseo por los placeres sensuales, el deseo por la existencia y el deseo por la no existencia.

3. La tercera noble verdad es la cesación de dukkha, alcanzar el nirvana, la verdad absoluta, la realidad última. Ésta, oh monjes, es la noble verdad de la cesación del sufrimiento. Es la total extinción y cesación de ese mismo deseo, su abandono, su descarte, liberarse del mismo, su no dependencia.

4. La cuarta noble verdad es el sendero que conduce al cese del sufrimiento y a la experiencia del nirvana. Ésta, oh monjes, es la noble verdad del sendero que conduce al cese del sufrimiento. Solamente este óctuple noble sendero; es decir, Recto entendimiento, Recto pensamiento, Recto lenguaje, Recta acción, Recta vida, Recto esfuerzo, Recta atención y Recta concentración.

La visión del mundo zen

Los maestros zen articulan su discurso en torno a las Cuatro nobles verdades pronunciadas por Buda hace dos mil quinientos años:

- el sufrimiento,
- su causa,
- la posibilidad de ponerle fin,
- y la forma de hacerlo.

El sufrimiento es inherente a la vida, si bien hay personas que hacen del padecimiento el *leit motiv* de su vida. Todos los maestros zen suelen hablar a sus discípulos sobre el sentido de la vida y de la insatisfacción que experimentan aquellos que han logrado una posición económica elevada. Ante ello, el zen apuesta por la racionalidad y la ciencia en la búsqueda de respuestas que suelen aparecer cuando la gente no es feliz con su vida.

Anicca, dukkha y anatha

Son tres elementos esenciales en la enseñanza del budismo. Anicca podría traducirse por «la no permanencia», dukkha por «insatisfacción» y anatta por «el no yo, la verdad fundamental». El primero es el factor esencial que debe experimentarse y entenderse a través de la práctica. Es un proceso de cambio personal que puede desarrollarse por cualquier persona.

Buda trabajó para encontrar a lo largo de su vida el camino que le llevaba al fin del sufrimiento. Con la Iluminación Buda consiguió enseñar a hombres y dioses el camino que conduce al fin del sufrimiento. Toda acción, sea por hecho, palabra o pensamiento, deja tras de sí una fuerza de acción, sankhara (o kamma), en todos nosotros, la cual se convierte en la fuente del suministro de energía que sustenta la vida, que inevitablemente es seguido por sufrimiento y muerte. Es a través del desarrollo del poder inherente en el conocimiento de anicca, dukkha y anathā que uno es capaz de liberarse de los sankhara que van acumulándose en la cuenta personal de cada uno. Quien consigue liberarse de todo sankhara alcanza el fin del sufrimiento, hecho que suele suceder al final de una vida.

Cuanto mayor sea la comprensión de anicca, mayor será el reconocimiento de lo que es la verdad de la naturaleza. Su significo real es impermanencia o descomposición de todo lo que existe en el Universo, tanto animado como inanimado.

Buda era consciente de que todo lo que existe en el Universo está compuesto por kalapas, cada uno formado por ocho elementos naturales a los que llamó pathavi, apo, tejo, vayo, vanna, gandha, rasa y oja (sólido, líquido, calor, movimiento, color, olor, sabor y nutrición). Los cuatro primeros son cualidades materiales y los segundos dependen de los anteriores. Estos ocho elementos naturales se hallan en perpetuo cambio y conocer esto es saber sobre la verdadera naturaleza del cambio y la descomposición (anicca) producida por la ruptura continua que deben identificarse con dukkha, la verdad del sufrimiento.

Anicca puede ser desarrollado a través de sentir:

- Una forma visible con el órgano sensorial del ojo.
- El sonido con el órgano sensorial del oído.

- El olor con el órgano sensorial de la nariz.
- El sabor con el órgano sensorial de la lengua.
- El tacto con el órgano sensorial del cuerpo.
- El pensamiento con el órgano sensorial de la mente.

En el busdismo zen se distinguen los Seis Reinos o planos de la existencia, a saber: el reino demoníaco o el infierno, el reino de los gaki, el reino animal, el reino humano, y el reino de los seres celestiales. El concepto de los diez reinos espirituales o diez mundos forma parte de la creencia budista de que existen diez condiciones en la vida a los que los sentimientos están sujetos y que experimentan en cada momento. Diez planos existenciales diferentes en los que se puede nacer en cada vida. O estados de la mente que pueden intercambiarse debido a influencias internas y externas.

Todos estos ámbitos del Cosmos son ilusorios en relación al vacío. En ellos hay sufrimiento y tienen una clara correspondencia con el microcosmos humano. Una persona que está en el infierno padece el zazen, mientras que una persona en el reino celestial se encuentra extasiada en los dominios sutiles de la conciencia, viviendo experiencias sobrenaturales en un reino espiritual.

Se pone fin al sufrimiento al alcanzar el satori y liberarse de los Seis Reinos de la existencia, percibiendo que la verdadera identidad es igual a la del vacío cósmico.

En el pensamiento zen cada ser humano es la totalidad del Universo, la conciencia universal que vive múltiples experiencias humanas. Dios y hombre, serían pues la misma cosa. El ser humano sería como una ola en un océano que simbolizaría la mente universal, la vacuidad. Así, el ser humano llega a adquirir conciencia intelectual diferente al resto de los hombres que le permite asegurarse la continuidad de su ser más allá de su propia vida. Al buscar la Iluminación, está afirmando su propia identidad.

El zen apunta a que el mundo pueda ser percibido en su naturaleza parcial, ilusoria y relativa. Por ello el héroe mítico espiritual es el bodhisattva, una persona que pudiendo permanecer en la liberación del nirvana prefiere permanecer en el mundo de la forma para ayudar a los demás seres a despertarse.

Por ello la meditación se realiza con los ojos abiertos, sin retener la respiración, siendo su propósito llegar a un estado de calma natural que permita vivir el mundo y ser consciente de que todos los seres son una única conciencia, de que todo está conectado.

4. La práctica del zen

La práctica de zazen es la esencia del budismo zen. Sin zazen no hay zen. Zazen es la práctica de Buda, la práctica del despertar de la conciencia. Gracias a zazen se puede hallar la libertad interior y la energía que presidirá nuestras vidas.

Antes de sentarnos en zazen conviene tener presente algunos aspectos prácticos que facilitarán la concentración y la estabilidad. Estas recomendaciones conciernen a la verdadera sala de meditación transmitida por los maestros zen. A partir de estos consejos, cada uno debe aplicar los que considere más convenientes a sus circunstancias.

Enseñanza, práctica, Iluminación

La práctica de la meditación en zazen no está en contradicción con nuestra vida diaria y, sobre todo, no es una evasión ante las dificultades que el vivir diario nos presenta. Por el contrario, gracias a la práctica asidua de zazen, podemos encontrar la lucidez, la calma y la energía necesarias para resolver con soltura y eficacia las situaciones cotidianas.

Concentración sentado en una silla

Empezar a meditar en un silla, tal y como se ha dicho en ca-
pítulos anteriores es la manera más sencilla de empezar para
acercarse a la filosofía zen.

Conviene mantener la espalda recta pero sin apoyarla en
el respaldo de la silla, con los hombros y los brazos relajados
y las manos sobre los muslos. A partir de aquí, escuchar la
respiración y concentrándonos en ella.

La consciencia debe dejar que los pensamientos se desli-
cen pero sin distraerse, con las emociones discurriendo libremente sin que la alteren, sin juzgar nada y focalizando en la
medida de lo posible en la respiración.

Cuando se pierde este grado de concentración –cosa nor-
mal las primeras veces, no hay que desesperarse– hay que
tratar de focalizar de nuevo en la respiración para volver a
alcanzarla.

El papel de las emociones y la consciencia

Una vez se aprende a fijar la mente el siguiente paso es tratar de concentrarse en una parte del cuerpo. Con ello se puede percibir que la mente y la consciencia están en estrecha relación con las posturas del cuerpo y con los ritmos de la respiración.

Las emociones y la consciencia condicionan los estados de la mente. Por ello surgen contracturas, dolores puntuales, molestias. Es significativo que el cuerpo tenga ciertos malos hábitos, como los hombros caídos, el pecho comprimido, cervicales, dorsales o lumbares desviadas.... Las tensiones del cuerpo necesitan toda la atención y en su corrección tiene un papel importante la concentración.

Cuando se medita se tiene en cuenta la postura, la respiración, se presta atención a las zonas del cuerpo, a la mente, a los dolores que nos atenazan, los trastornos, los malestares puntuales, etc.

Los pies deben apoyarse firmemente en el suelo, desde el talón hasta el extremo de los dedos, y las rodillas deben situarse en un ángulo recto.

Encontrar el centro de uno mismo

Mientras que la mayoría de las meditaciones tienden a concentrarse sobre la cabeza, el zazen se concentra más bien sobre la estructura de un cuerpo-espíritu total y vivo, dejando a la cabeza existir sin darle preeminencia alguna. Cuando la cabeza está sobreactivada aparece una vida dividida y desequilibrada. Pero en la postura de zazen ésta aprende a encontrar su sitio exacto y su función en la dimensión de un cuerpo-espíritu unificado. Nuestro cuerpo humano vivo no es simplemente una agregación de partes corporales, es un todo orgánico integrado. Ello se concibe de tal forma que cuando una parte del cuerpo se mueve, cualquiera que sea la sutileza del movimiento, ello provoca simultáneamente el movimiento acorde del cuerpo.

En el zazen, es esencial sentarse en la postura correcta, armonizar después la respiración y apaciguarse. Pero, después de haber pasado esta etapa preliminar, todas las instrucciones dadas como piezas separadas en el tiempo y en el espacio deben ser integradas en un todo en el cuerpo-espíritu del practicante de zazen.

En el aprendizaje de la meditación tradicionalmente se distinguen tres aspectos fundamentales: La armonización del cuerpo (choshin), la armonización de la respiración (chosoku) y la armonización de la mente.

La disposición del cuerpo se trata de sentarse derecho, enderezado el cuerpo. En la disposición de la respiración se respira suavemente por la nariz, mientras que en la disposición del espíritu no se busca nada particular, igual que no se rechaza ninguna cosa, sea lo que sea. Sentarse derecho, armonizar la respiración y disponer la mente serían pues, las condiciones primeras de la meditación.

Adoptada ya la postura correcta, el hara, centro vital del ser humano, será el punto donde converja el conjunto de las fuerzas corporales, allí a tres o cuatro centímetros bajo el ombligo, en la profundidad del vientre.

Hara o centro vital

Para los japoneses el hara es el centro vital más importante en el cuerpo humano, es la fuente de la vida y el origen del chi, y esto está presente de manera muy profunda y arraigada en su cultura. Trabajar «desde el hara» es la forma correcta de enfocar la energía y la atención en aquello que se está trabajando.

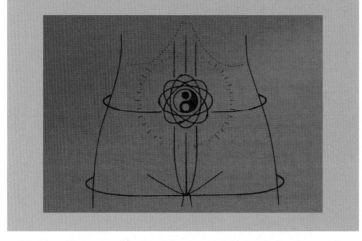

Doblar el tronco hacia delante, sentir las vértebras en su movimiento arqueado, aprender a conocerlas. De nuevo enderezar el tronco y volver a inclinarlo hacia delante y hacia atrás hasta sentir de nuevo la espalda bien recta. Sentir que cesa la tensión en el vientre y por tanto aparece la noción de vacío.

Luego, pasar a hacer esas oscilaciones de izquierda a derecha pasando por el centro. Primero, tratar de que esas oscilaciones sean pronunciadas e ir haciéndolas poco a poco más próximas al centro, reduciendo su perímetro. Una vez alcanzado el centro, permanecer inmóviles unos minutos. De esta manera se percibe el centro como algo inmóvil y fijo.

Tomar consciencia del cuerpo

Una vez percibido el centro de uno mismo es el momento de tomar consciencia de las distintas partes del cuerpo.

En el vientre, por ejemplo, repercute una mala postura de la zona lumbar. Los músculos de esta zona se relajan y provocan una tensión en la zona del estómago. El vientre, el ombligo, son los lugares en los que radica la esencia de soportarse a uno mismo. No en vano la meditación parte de la idea que todo está en el hara. El vientre es la fuente la vida, el lugar en que cada persona se hallaba unida a su madre en la zona del ombligo. Por ello la intuición siempre procede de esta zona.

La incorrecta postura de espalda y hombros siempre trae como consecuencia la enfermedad ya que las vértebras trabajan forzadas en posturas no naturales.

Los hombros deben situarse de manera natural, sin forzarse. Si se echan hacia atrás la respiración se resiente y por tanto el sistema inmune no trabaja adecuadamente. Se comprimen los bronquios y los pulmones y no dejan espacio para el aire, por lo que la capacidad pulmonar resulta mucho menor. Una respiración insuficiente trae consigo la enfermedad y el desequilibrio del organismo. Lo mismo sucede cuando la espalda se desquilibra y se curva. Las dorsales ya no trabajan bien por culpa del peso y la persona se encorva progresivamente.

La conexión del cuerpo y la psique

El zen puede ser una valiosa herramienta para expresar la perfección del cuerpo humano pero no puede eludir muchas veces su padecimiento, ya que no puede impedir la conexión entre el cuerpo y la psique.

Una persona que consigue unir de manera perecedera su cuerpo y su psique es un hombre realizado. La inteligencia de este hombre funciona de manera independiente que no depende de la actuación de su cuerpo, sino que viene determinado por una influencia superior a la que se conoce muchas veces como Verdad Absoluta.

La relajación psíquica se establece en zonas de la mente relacionadas con las partes del cuerpo implicadas en las malas posturas corporales. Sus consecuencias son conocidas: tensiones, contracturas, etc.

Con el fin de afrontar los distintos desequilibrios que atenazan el cuerpo es necesario realizar una serie de ejercicios que favorecerán la salud.

- Alineación de los hombros y columna: La alineación de columna es la colocación de la columna vertebral en relación a otros segmentos del cuerpo. La alineación, junto con la postura y colocación, conforman las bases de todos los movimientos. La alineación apropiada resulta en movimientos efectivos, eficaces y libres de dolor y fatiga. Una alineación incorrecta puede resultar en lesiones y tensiones. La flexibilidad de los músculos de la columna apoya el aumento de la movilidad y elasticidad muscular. Estirar los músculos y el tejido conectivo de soporte mejora la flexibilidad y el rango de movimiento de la columna vertebral. Con mayor flexibilidad, el ejercicio es más eficaz.
- Con este fin, llevar los hombros hacia atrás y arquear la columna en la zona de los hombros y los riñones. Tensar la musculatura dorsal, la del vientre y la del estómago. Meditar escuchando la propia respiración.

- Otro ejercicio recomendable consiste en impulsar los hombros hacia atrás y extender tan sólo la musculatura dorsal al tiempo que se inspira profundamente. Espirar lentamente manteniendo la atención fija en la columna vertebral.

Las profundidades de la máquina corporal

Se puede encontrar el hara colocando ligeramente la mano derecha sobre el vientre, con la punta del índice sobre el ombligo y los dedos corazón, anular y meñique por debajo. El hara se halla unos dos o tres dedos por encima del ombligo.

A continuación, inspirar profundamente y extender los músculos del vientre, empujándolos hacia delante. Espirar lentamente. El discípulo debe entonces estar atento a su respiración y arquear la zona lumbar y sacra de la columna vertebral.

Beneficios psicológicos de la meditación

La práctica de la meditación es útil en la reducción del estrés y en la mejora de las capacidades asociadas al conocimiento.

- **Aumenta la autoestima.**
- **Aumenta la seguridad y confianza en uno mismo.**
- **Se reduce la depresión.**
- **Se reduce la ansiedad.**
- **Se logra una visión de la vida más optimista y centrada.**
- **Se aprende a mantenerse estable frente a los problemas y obstáculos cotidianos.**
- **Las personas se sienten más felices.**

Beneficios espirituales de la meditación

A lo largo de la historia, algunas culturas han creído en el poder sagrado de la palabra y que al pronunciar ciertas palabras o nombres estos podrían controlar el mundo externo, y a las fuerzas invisibles que se creían que actuaban también en el mundo físico.

- Te conecta con la esencia de tu ser, desconectándote del ego.
- Una profunda sensación de «pertenecer al todo»
- Una conexión con tu verdadera identidad.
- Una profunda experiencia de bienestar.
- Desapego de los problemas y circunstancias externas.
- Estar centrado en uno mismo.
- Una profunda sensación de amor.

La columna vertebral puede doblarse gracias a la musculatura que la acompaña. Al caminar, los hombros parecen sostener el cuerpo humano y, al tensarlos, se ayuda a sostener el peso del cuerpo. Los hombros sostienen los golpes que el cuerpo recibe a lo largo de la vida. De ahí que su curvatura y su tensión puedan producir enfermedades tanto en la psique como en el cuerpo. Su tensión excesiva suele producir trastornos digestivos o del intestino.

Las buenas posturas son importantes para que circule de una manera saludable la energía y el cuerpo se enraíce mejor en el suelo. Una postura correcta hace que la persona sienta mayor valor, equilibrio, fuerza y bienestar emocional. Las emociones negativas y falta de conciencia sobre uno mismo acaban deformando las posturas. Así, podemos anticipar que una persona está deprimida cuando camina encorvada, con los hombros caídos, tal y como si llevara el mundo entero a cuestas.

El zen y la psique humana

El zen es una práctica humana, un desarrollo de potencialidades existentes en la psique. Mediante las técnicas del zen se trata de adquirir un gran poder de concentración, la posterior Iluminación y, como consecuencia, un estilo de vida que ha de notarse en cualquier detalle: en el modo de beber, de preparar el té, de componer unas flores, de crear un jardín...

La psique puede percibirse como sensaciones, como emociones o bien como la misma mente. Al prestar atención a esas sensaciones, la consciencia deviene alerta y ello nos permite descubrir alguna nueva dimensión de nosotros mismos que hasta ahora permanecía encubierta.

Lo que permitirá a la persona descubrir la diferencia existente entre las emociones y los pensamientos que las alimentan. También preocupaciones, aquellos pensamientos relacionados con emociones que arrastran pensamientos que, a su vez, suscitan nuevas emociones. Al respirar profundamente, el flujo de pensamientos vuela libremente y llega hasta nosotros.

Los pensamientos y el flujo de los automatismos mentales son los certeros enemigos de un principiante en el zen. Es preciso observar dicho flujo y ver qué mecanismos lo hacen funcionar. Suelen relacionarse entre ellos por distintas causas lógicas, pero ignoramos su manera de relacionarse.

La autonconsciencia es el reflejo de la naturaleza espiritual del alma humana, la que por naturaleza es transparente a sí misma. Pero como el alma está profundamente unida al cuerpo, no puede realizar o actualizar esa transparencia. No tenemos una visión interior de nuestra propia naturaleza espiritual. La autoconsciencia, en cambio, está fundada sobre un reflejo de las operaciones del alma.

Nuestro conocimiento está orientado hacia afuera, al mundo de las cosas que nos rodean. Cuando captamos esos actos del conocimiento y comprendemos desde el propio interior, se puede llegar a tener una íntima experiencia del hecho de la existencia.

La idea de perfección

Al concentrarse, el cuerpo toma conciencia con las diferentes partes de su cuerpo, toma conciencia de la respiración, de las sensaciones y de los pensamientos que discurren por la mente.

Por la mente de un practicante zen cruza la noción de perfección en todas las actividades que realiza: mejora del conocimiento de cada parte de su cuerpo, de su nivel de vida, mejora en la resolución de los conflictos, etc.

Por ejemplo, debe aprender a regular su ritmo respiratorio y aprender a escucharlo como se percibe el movimiento de los árboles mecidos por el viento. La meditación en posición sentada, arqueando las vértebras lumbares de una manera adecuada, la distensión de los músculos del vientre y del estómago con el fin de calmar la mente...

El cuerpo debe caminar de manera recta, no rígida, realizando al tiempo la respiración zazen. Es una manera de aprender a concentrarse, especialmente si se combina el ritmo respiratorio con el paso dado al caminar, regulándolo para que sea regular y rítmico. Es preciso sincronizar la consciencia con los pasos dados y el ritmo respiratorio de una manera acompasada y regular. Tras experimentar los beneficios de la respiración regular llega el momento de experimentar los beneficios de la respiración natural.

Tres tipos de respiración

Existen tres tipos esenciales de respiración:

- Pulmonar: Es la más superficial de todas. La inspiración predomina sobre la espiración. Es una respiración propia de personas excitadas y excitables. En esta respiración interviene la caja torácica, los músculos pectorales y, muy débilmente, el diafragma.
- Diafragmática: La espiración se vuelve más profunda debido a la presión que los músculos intercostales ejercen sobre la caja torácica, vaciándola un poco más. Esta respiración supone un diafragma flexible, lo cual requiere una cierta relajación de los músculos dorsales. La mayoría de las personas, en la época moderna de las grandes ciudades, llegan con un diafrag-

ma rígido que impide una espiración larga y profunda. El primer paso consistiría pues en suavizar la tensión del diafragma.

- Abdominal: En la respiración abdominal se continúa el oleaje muscular provocado por la presión que la caja torácica ejerce sobre el diafragma, y éste a su vez, sobre los músculos abdominales. Esta respiración supone un gran vaciado de los pulmones y por lo tanto una mayor cantidad de aire nuevo al inspirar. En esta inspiración, la espiración es más larga y potente que la inspiración. El oleaje muscular puede ser prolongado hasta el bajo vientre, hasta el llamado hara. Esta es la respiración propia de zazen, hacia ella debemos tender. Pero hay que tener cuidado. Muchos practicantes se equivocan en este punto, ya que intentan forzar una espiración larga y potente sin comprender antes el mecanismo completo de la respiración.

Si, por ejemplo, el diafragma esta contraído e intentamos presionar en los abdominales, esto provocara un gran conflicto interno en el cuerpo y en la conciencia, ya que el oleaje muscular ha quedado interrumpido en el diafragma y sin embargo se presiona en los abdominales. Es mejor seguir íntimamente el recorrido de este oleaje y no obstaculizarlo ni querer ir más deprisa de lo que marca su ritmo natural.

La respiración natural y completa

La respiración completa, también llamada respiración yóguica (es un ejercicio clásico del yoga), se realiza unificando las tres respiraciones anteriores. Es un ejercicio que va más allá de una simple relajación y que proporciona un magnífico autocontrol. La respiración natural aporta serenidad, claridad y concentración.

Beneficios de la respiración natural

Son muchos los beneficios de la respiración natural, pero entre ellos podemos destacar los siguientes:

- Aprovecha y amplia toda la capacidad pulmonar.
- Proporciona una gran oxigenación.
- Activa la circulación y tonifica el corazón.
- Masajea los órganos.
- Nos entrena en el autocontrol.
- Mejora la percepción de uno mismo, y por ende la autoestima.
- Proporciona serenidad y concentración.

Empiece por ponerse cómodo, de pie o sentado. Al inspirar, respire por la nariz.

- Llene primero las partes más bajas de los pulmones. El diafragma presionará su abdomen hacia fuera, para permitir el paso del aire.
- Llene la parte media de los pulmones, mientras que la parte inferior del tórax y las últimas costillas se expanden ligeramente para acomodar el aire que hay en su interior.
- Llene la parte superior de los pulmones mientras eleva ligeramente el pecho y mete el abdomen hacia dentro.
- Contenga la respiración durante unos pocos segundos.
- Espire lentamente, contrayendo ligeramente el abdomen hacia dentro y levantándolo suavemente a medida que los pulmones se van vaciando.
- Cuando haya realizado la espiración completa, relaje el abdomen y el tórax. Repita esta secuencia al menos cinco veces, elevando ligeramente los hombros y las clavículas, después de la aspiración para asegurarse de que la parte superior de sus pulmones esté llena de aire fresco.

Cuanto más corta sea la inspiración y más larga la espiración más próximos a la respiración zazen estaremos.

La no permanencia

La no permanencia hace referencia a la práctica de evadir construcciones mentales durante los momentos en que las personas no se hallan en plena meditación. Por el contrario, permanecer significa mantenerse sin cambiar en un mismo lugar.

El mundo es cambiante, al igual que los cuerpos, que mutan constantemente. Las personas suelen aferrarse a sus pasiones y sus posesiones hasta el punto de que las priorizan sobre su salud, su paz y su propia vida. La no permanencia favorece ir de sensación en sensación, poder disfrutar de los sentimientos de felicidad o gozo y educando la mente para el devenir.

Al aferrarse a los estados de felicidad o gozo, la persona desea que sean permanentes. Pero la realidad no es nunca de esta manera.

Este concepto clave del budismo zen, el de la no permanencia o impermanencia está ligado al hecho de aceptar que todo fluye, todo cambia, y así no es posible encontrar la perfecta serenidad. La causa del sufrimiento es la no aceptación de esta verdad.

Así pues, ¿cómo se puede incorporar la impermanencia en nuestras vidas? Lo primero que debe hacer el discípulo es caer en la cuenta de lo absurdo que resulta mantener fijaciones, conceptos predeterminados, percibir las cosas como estables. Al observar la realidad se percibe que todo aquello que ofrece seguridad, felicidad, plenitud, son consistentes una vez alcanzadas, pero que la realidad del cambio y la muerte son generales. Comprendido esto, el apego a lo que es absurdo se debilita y se extingue.

El rito

El centro neurálgico del ritual zen ha sido, desde siempre, el monasterio. En él vive una comunidad que hace del rito budista su principio fundamental. Algunas de las celebraciones más habituales son:

- Día de Kannon (enero): postraciones, cantos y ofrendas de incienso para honrar y expresar gratitud al boddhisatva de la compasión.
- Paranirvana del Buda (alrededor del 13 de febrero): Día entero de zazen que concluye con un servicio especial de cantos que relatan el Paranirvana del Buda.
- Jukai (una vez al año): Ceremonia formal de entrada al camino del Buda, que incluye una ceremonia de arrepentimiento breve; cantos; ofrenda de incienso; toma de los tres refugios, las tres resoluciones generales y los diez preceptos cardinales.
- Vésak: Celebración del cumpleaños del Buda (entre abril y mayo): Exhibición de un bebé Buda, ofrendas de té dulce.

- Día de Bodhidarma: Zazen o día de zazen.
- Día de ayuno (dos veces al año).
- Iluminación del Buda: Ceremonia que se realiza en una sesión regular de meditación. Se lee la historia de la iluminación del Buda; cantos; circunvalación; se leen sutras.
- Ceremonia del año nuevo: Zazen; ceremonia completa de arrepentimiento.

Los momentos de meditación se consideran la actividad primordial de un monasterio budista. Monjes y laicos se reúnen en una gran sala de recogimiento para practicar el zazen. Antes de volver al trabajo diario el maestro pronuncia los grandes votos que introducirán al estudio colectivo.

La vida en el monasterio se regula por una severa disciplina y por los rituales a los que se someten los alumnos de manera voluntaria. La vida de un iniciado debe estar presidida por el ascetismo, el orden y la simplicidad, que son los instrumentos que permiten alcanzar la meta propuesta.

Pero la esencia del zen es la práctica de zazen, cuerpo y mente totalmente despojados. No es necesario ofrecer incienso, rendir homenaje a Buda, a los patriarcas, etc., o recitar el nembutsu. Tampoco es necesario hacer penitencia o arrepentirse, leer los sutras o recitarlos. Las enseñanzas de los maestros permiten afirmar que sólo es preciso sentarse en zazen con un espíritu adecuado y abierto. Zazen es la esencia, las ceremonias, el estudio o el canto de los sutras no son imprescindibles para comprender la filosofía zen ni para vivirla en toda su plenitud.

Belleza y pobreza: caminos que conducen a la espiritualidad

> «Un hombre lastrado por sus bienes es como un barco que hace aguas,
> la única manera de salvarse es soltando la carga.»
>
> *Sakyamuni*

La austeridad, la simplicidad y la pobreza son algunas de las máximas que el budismo zen trata de transmitir a los iniciados.

Es fácil acomodarse en el lujo y la riqueza, mientras que la pobreza se presenta como un camino tortuoso y difícil. En el budismo la pobreza se considera como algo liberador. Son muchas las personas que, abrazando el camino de la liberación, han abandonado una vida de lujos para explorar el camino de la pobreza. Carecer de bienes para poseer el mundo da como resultado una estética natural que se conocerá como wabi-sabi.

Wabi-sabi es, en esencia, la búsqueda de la belleza en la imperfección y la profundidad de la naturaleza, aceptar el ciclo de la vida de crecimientos, decadencia y muerte. Proporciona una comprensión del mundo basada en la fugacidad y la no permanencia, y deriva de la afirmación budista de las tres características de la existencia:

- El sufrimiento.
- La no permanencia.
- La ausencia de alma, ego o yo perdurable e independiente.

El wabi-sabi viene a ser en la estética japonesa lo que los ideales de belleza y perfección simbolizaban para los griegos. Wabi puede interpretarse como la cualidad imperfecta de cualquier objeto debida a las limitaciones de su propia creación, mientras que sabi sería el aspecto de la imperfecta fiabilidad.

Las características descritas sugieren, desde la perspectiva budista del mahayana, la liberación del mundo material y la trascendencia hacia una vida más sencilla.

Las artes del zen

Algunas de las artes que ejemplificarían la estética del wabi-sabi son:

- Honkyoku (música tradicional para shakuhachi de los monjes zen).
- Ikebana (arreglos florales).
- Jardines japoneses, zen y bonsáis.
- Poesía japonesa (especialmente el haiku).
- Alfarería japonesa (Hagi ware).
- Ceremonia del té japonesa.

Las raíces del wabi-sabi se hallan en el budismo zen, y se adentran en el territorio de la austeridad, de la comunión con la naturaleza y por el respeto hacia la vida cotidiana como el verdadero camino hacia la Iluminación. Para alcanzarla, los monjes optaban por una vida ascética, a menudo aislados en largos períodos de meditación.

En el zen, los monjes aspiraban a una vida de pobreza para alcanzar la verdad última de la realidad, de ahí que trascendiera la idea del deseo de encontrar la paz y la armonía en lo más sencillo de la vida.

Al comprender la belleza, la intuición es más la esencia que la percepción intelectual… La belleza es un tipo de misterio, esto es por lo que no puede ser captada adecuadamente a través del intelecto. Uno no puede reemplazar la función de ver por la función de conocer. Uno puede que sea capaz de convertir la intuición en conocimiento, pero no podrá producir intuición a partir del conocimiento. El budismo, nos dota de los medios para una completa comprensión de la belleza.

El sentido de la belleza nace cuando la oposición entre el sujeto y el objeto ha sido disuelta, cuando el sujeto llamado «yo» y el objeto llamado «ello» se disuelven en el ámbito de la no-dual totalidad, cuando ya no hay nadie al que transferirse por más tiempo o nada a lo que ser transferido. Ni el «yo» que se enfrenta al «ello» o el ello que se enfrenta al «yo» pueden alcanzar la realidad. Una verdadera conciencia de la belleza se puede encontrar donde la belleza observa la belleza, no donde el «yo» observa al «ello». La relación «yo-ello» no puede revelar belleza en su totalidad, sino tan solo una pequeña parte de ella. El budismo zen usa la expresión kenzo, en la cual ken quiere decir «contemplando» y sho «naturaleza»; al verlas juntas sin embargo, las dos palabras no significan «contemplando la naturaleza» sino más bien «contemplando en la naturaleza de uno mismo».

El dojo o sala para meditar

Dojo es sinónimo de lugar donde se busca el camino. Para el practicante del budismo zen el dojo es el sitio donde se aprende la importancia de una disciplina que enseña a vivir, pensando de modo diferente y actuar en cualquier situación.

En el dojo se pueden distinguir:

- Kamidama: Lugar específico del dojo, donde se coloca el retrato del maestro y ante el cual se saluda antes y después del entrenamiento del arte marcial.
- Kamiza: Pared de honor donde se colocan el retrato del maestro o maestros de la escuela, bandera de Ja-

pón y del país donde se encuentra el dojo, que deben saludarse antes de entrar y salir del dojo. Debe encontrarse al norte.

- Joseki: Sitio de honor, parte superior de la sala de entrenamiento.
- Sempai: Alumno más avanzado que se sitúa al lado de joseki.
- Shimoseki: Lado inferior del dojo donde se colocan los alumnos de menor grado.
- Shimoza: Sitio inferior del dojo frente a la pared de honor.

Es el lugar donde se realiza el zazen, el espacio en el que cada gesto, cada instante, tiene como finalidad la belleza y la perfección.

Los gestos deben ser esenciales y convertirse en perfectos. Cada momento del rito tiene un significado y una función estética con la que se trata de alcanzar la perfección. El fin último es la perfección por medio de la belleza, la salud física y psicológica.

Por tanto, en el dojo el zen puede entenderse como un instrumento de mejora para cada uno de los seres humanos, y adiestra a vivir en la belleza del rito del dojo y a realizarla en cualquier lugar y circunstancia. El zen permite adentrarse en el océano de la vida que conduce a un camino de perfección para una vida de belleza.

En un dojo se sitúa un pequeño altar en el centro donde se coloca una imagen del Buda. Su imagen no es objeto de adoración, sino que se honra su memoria a través de ella.

El incienso ayuda a armonizar los olores del ambiente, las flores recuerdan la existencia del momento presente: todo tiene un principio cuando florece pero también un final cuando se marchita. Las velas recuerdan que el camino emprendido es el de la Iluminación.

Entrar en el dojo

Al entrar en el dojo se inicia el ritual del zen. Se entra en la sala con el pie izquierdo, entonces hay que dirigirse al altar ante el que se hace una inclinación de respeto, para luego dirigirse al rincón preferido para meditar, rodeando el altar en sentido de las agujas del reloj.

Desde ese momento, el orden, la consciencia y la perfección de los movimientos, la búsqueda de la belleza y la  perfección deben presidir cada gesto. El calzado debe quedar fuera del dojo, como símbolo de pureza, aunque se puede entrar con los calcetines puestos.

En muchos dojo se medita de cara a la pared. Una meditación frente a una pared no deja de ser un diálogo con uno mismo. La tradición señala a Bodhidharma (siglo V d.C.), el vigésimo octavo patriarca budista indio en la sucesión de Buda, como el introductor en China de la meditación zen que se conoce en la actualidad. Dice la leyenda que Bodhidharma meditó nueve años seguidos en el fondo de una cueva situada a no muy lejana distancia del no menos legendario monasterio chino de Shaolín, y que su sombra todavía se aprecia en la piedra.

Una vez en el lugar escogido, se deja el cojín (zafu) en el suelo y se inicia la meditación.

El zafu

Cuenta la leyenda que antes de sentarse en la postura del loto, el buda Shakyamuni se fabricó un cojín de hierbas secas, con el fin de elevar la cadera y de poder apoyar con fuerza las rodillas en el suelo. Así consiguió una postura estable y equilibrada.

Hoy en día el zafu es un objeto altamente apreciado y respetado.

Lo esencial de zazen es que las rodillas se apoyen fuertemente en el suelo y las nalgas sobre el zafu. Este triángulo es la base de la postura de zazen, si no es posible adoptar estas posturas en un principio, se debe consultar con un maestro o instructor qué postura adoptar para sentarse en zazen.

Sattva, tamas y rajas

Todas aquellas personas que se inician en el budismo zen y no han alcanzado la armonía pueden no ser capaces de encontrar en la meditación su refugio y su equilibrio. Esto es debido a las tres tipologías de personas existentes y que corresponden a tres tipos de vibraciones:

- Sattva: Es el principio de la paz, de la elevación espiritual. Las personas sattvicas son gentiles, generosas, compasivas, su mente es lúcida y calma y tienen mayor predisposición para meditar.
- Rajas: Es el principio del movimiento, de la estimulación. Presente normalmente en situaciones que dan origen a estrés, nerviosismo, impulsividad, prepotencia, irritabilidad. Las personas rajásicas no se sienten cómodas en lugares silenciosos o de quietud.

El hombre rajásico se caracteriza por:

- ❏ Nunca está satisfecho.
- ❏ Se le multiplican los deseos.
- ❏ Es codicioso y está inquieto.
- ❏ Pierde el entendimiento y el discernimiento.
- ❏ Está embriagado por el orgullo de la riqueza.
- ❏ Se preocupa inútilmente.
- ❏ Persigue el poder.
- ❏ Se involucra en actividades sin fin.
- ❏ Apenas tiene paz mental.
- ❏ Está aferrado a la acción y a sus resultados.

- Tamas: Es la cualidad presente en la naturaleza que atrae infelicidad de diferentes tipologías. Las personas tamásicas manifiestan holgazanería, negatividad, materialismo, egoísmo, mezquindad y poca apertura mental. Tamas es la fuerza esclavizante:

De la pereza y la acción desatinada.

❏ Produce falta de discernimiento o ignorancia.
❏ Actúa obligado por las necesidades del cuerpo
❏ Tiene los sentidos abotargados.
❏ No siente inclinación por el trabajo.
❏ Carece de capacidad de juicio.
❏ Duerme mucho.
❏ Se sitúa en el plano instinto.
❏ Le encanta ir por el camino equivocado.
❏ Olvida todo.
❏ Tamas provoca apego a la negligencia.
❏ Provoca ignorancia y olvido del deber.
❏ La no realización de los deberes obligatorios.
❏ Provoca cortedad de miras y aturdimiento.
❏ Carece de sentido de la proporción y equilibrio.
❏ Sus acciones son brutales.

5. El zen en la actualidad

Todo marco cultural y religioso es la expresión de una experiencia y fomenta un determinado modo de percibir la realidad y de interpretar la experiencia. Una persona que practica zen no sólo aprende y practica un nuevo modo de abismarse en el misterio sino que aprende además un nuevo lenguaje que le abre horizontes nuevos. Un nuevo marco, como es el budista zen, brinda nuevas posibilidades de lenguaje para expresar lo experimentado y crea además nuevas posibilidades de percepción, siendo a la vez un nuevo instrumento para salvar del olvido aquello de lo que se ha caído en la cuenta.

El zen y la salud física

El zen puede ser un instrumento para el perfeccionamiento de la salud psíquica y física, así como constituir un excelente método de curación.

Los efectos del zen sobre la salud general son innegables. Si bien la acción de zazen es a través de la conciencia, ya que se trata de una postura profundamente espiritual, la conciencia no es diferente del cuerpo. En este sentido, la postura que se adopte para meditar constituye una auténtica medicina preventiva e incluso curativa, ya que permite corregir y comprender la raíz de cualquier desequilibrio.

La posición erguida de la columna vertebral genera una fuerte influencia en el tono de los músculos y nervios posturales, lo que permite relajar la musculatura de los hombros, brazos y abdomen, eliminando las tensiones innecesarias y mejorando la circulación sanguínea. Al estar la nuca estirada y la cabeza en equilibrio sobre los hombros, esto permite que el flujo de sangre y energía que trepa por la columna se optimice, mejorando la irrigación y la fisiología cerebral, y de todo el organismo.

La energía, al fluir por todo el cuerpo gracias a las posturas del zazen, limita las enfermedades y las distorsiones, deshaciendo los nudos donde se acumula la energía. Si existen carencias, el zazen las compensa, si hay excesos, estos se aligeran.

Sabemos que el ejercicio físico aumenta el riego sanguíneo, produciendo enormes beneficios en el organismo en forma de salud y belleza.

Otros beneficios de la práctica de meditación zen son:

- Relajación y control mental: Nos da una mente serena, clara y enfocada que nos permite pensar profunda y claramente, nos da concentración por largos períodos de tiempo, y nos permite tomar decisiones con más rapidez y confianza.
- Humor y sentido en la vida diaria: El zen no sólo nos trae buen humor sino nos enseña a vivir y apreciar cada momento de la vida, a estar increíblemente relajado, inclusive en situaciones demandantes, y a encontrar felicidad y belleza en las cosas simples y sencillas.
- Salud, sanación y longevidad: Muchas enfermedades han sido sanadas a través de la práctica de la meditación. El concepto es diferente a la medicina tradicional ya que en el zen se trata el cuerpo como un ente com-

pleto y no al cuerpo separado de la mente. En general, el zen promueve la salud física, emocional, y mental, además de realzar la longevidad.

Combatir el estrés mediante el zen

El exceso de población, el ruido, la contaminación, el ritmo de vida, son algunas de las causas de una enfermedad moderna: el estrés. De ello se derivan trastornos en la estructura psíquica y en la estructura física de la persona.

No obstante, originalmente, el concepto de estrés no hacía referencia a algo malo sino al esfuerzo por lograr nuestros objetivos. El estrés bueno, sería pues, el esfuerzo correcto, las tensiones justas que implican capacidad de discernimiento. El distrés o estrés crónico es la energía vital mal utilizada y que produce, por ello, sintomatología en nuestro organismo. Dolores de espalda, tensiones, problemas digestivos o respiratorios y aumento de la presión arterial son sólo algunos de los síntomas que las personas suelen relatar.

El resultado de todo ello es un abanico de comportamientos autodestructivos que se agudizan con la adicción a sustancias como el alcohol, el café, las drogas, etc. El organismo va cayendo progresivamente en un agotamiento físico y psíquico que se acompaña de pérdida de vigor y entusiasmo, abatimiento, ataques cardiacos o aparición de enfermedades inmunológicas.

El zen aconseja una serie de pautas para combatir el estrés.

- El reconocimiento: Esto es, reconocer que se padece impaciencia crónica es el primer paso para poder tratarlo.

- Ponerse metas: Es aconsejable, para atajar la impaciencia, proponer una serie de actividades diarias. Por ejemplo abandonarse unos minutos cada día en la lectura con el fin de ir mitigando la irritabilidad.
- Relajarse: Tensar y destensar los músculos favorece la eliminación de las situaciones más estresantes.
- Visualización: Es decir, anticiparse a las situaciones. Cerrar los ojos, respirando profundamente tres veces y buscar así la tranquilidad. Buscar argumentos que nos sirvan para afrontar futuras esperas sin negatividad.
- Ser constante: Es difícil cambiar los hábitos ya que, en la mayoría de ocasiones, se hallan automatizados en el interior de las personas. Hay que ser perseverantes para lograr automatizar la paciencia en nuestra vida diaria.

El zen y la salud psicológica

Las enfermedades comienzan en el mismo momento del nacimiento. Al nacer empiezan a surgir las enfermedades; al morir cesa el sufrimiento y la enfermedad. A lo largo de la vida nos atenazan las dolencias físicas y psíquicas.

En ocasiones es más importante cuidar la mente que el cuerpo. Una mente sana significa afrontar con mejor predisposición las dolencias físicas y por tanto su sufrimiento. El zen y la meditación pueden ayudar a liberarnos del dolor.

Tres son las causas que conducen al sufrimiento:

- La ignorancia del no-comienzo: Mientras que las religiones occidentales se centran en explicar el inicio del mundo a través de distintas cosmogonías, el budismo habla de un círculo cerrado, de un no-comienzo. Por tanto el sufrimiento sería inherente a la vida y, por tanto no hay un inicio.

- El ciclo de causa y efecto de las aflicciones: Cada acción presente causará un efecto en el futuro.
- El origen de las aflicciones: Estas pueden proceder del ambiente en el que nos movemos habitualmente, de las relaciones que mantenemos o bien de la confusión emocional que nos puede producir una pérdida o un problema.

Cuando una persona centra su atención en una oración repetitiva y deja de lado los pensamientos aleatorios se producen una serie de cambios fisiológicos en las personas. Cambios como la disminución del metabolismo, del ritmo cardiaco, de la presión arterial o del ritmo de respiración. Las personas que consiguen entrar en la meditación zazen también perciben un aumento de su espiritualidad. Una espiritualidad que se expresa como una fuerza, un poder o una energía, cada vez más cercana a la persona.

Los efectos de la meditación en el cerebro se han podido demostrar científicamente: gracias a los encefalogramas se ha podido demostrar que ese estado de conciencia comporta la aparición de ondas cerebrales equivalentes a un sueño profundo. Un cerebro en meditación estaría, pues, en un estado de descanso extremo y de concentración máxima.

En el budismo se habla siempre de cinco tipos de aflicciones mentales: codicia, enojo, ignorancia, arrogancia y duda. Al determinar a qué categoría pertenecen nuestras aflicciones y reflexionar sobre ellas podemos reducir su intensidad.

Para mitigar en parte ese sufrimiento psicológico se aplica la denominada psicoterapia zen, que estudia los procesos y mecanismos cognitivos, es decir los procesos mentales implicados en el conocimiento que incluyen la percepción, la memoria, el aprendizaje, la conceptualización y el razonamiento lógico formal.

Los beneficios de esta terapia son varios:

- Enfatiza la importancia del aquí y ahora del paciente, mostrando el error que proviene de sobreestimar la importancia del pasado o la anticipación del futuro.
- Ayuda a lograr el desapego hacia todo tipo de codicia, generando un inmediato cese del sufrimiento en todas sus variantes.
- Intenta la transformación de las creencias erróneas y sin basamento lógico –que constituyen fuentes importantes del sufrimiento– en un modo de vincularse con la vida racional, práctica y agradable.
- Permite que la necesidad humana de trascendencia encuentre un espacio de respeto y apreciación.
- Enseña y educa en la práctica de la compasión y la paciencia del paciente para con sí mismo y para con los demás.
- Desarrolla en el paciente un modo respetuoso de ver y aceptar su diversidad y la de los demás.
- Explora y diseña nuevos paradigmas de progreso, éxito, responsabilidad y objetivos a ser alcanzados en la vida.
- Comprende y promueve todo tipo de actividad recta que permita una vida con plena libertad.
- Modifica y enfatiza el error en conceptos que promueven el sufrimiento, tales como culpa, pecado, autoboicot, castigo, etc.
- Integra en su práctica cotidiana todos los avances técnico-científicos con una mirada humanística y de trascendencia personal.

Muchas enfermedades mentales pueden mejorar hasta el punto de desaparecer. Los estados de ansiedad, agitación o estrés, consecuencia de las prisas y del ritmo de vida diario, pueden llegar a suavizarse o curarse con la meditación zen. Como consecuencia de ello, un individuo puede llegar a transformarse por completo, dirigiéndose hacia estados positivos el resto de su vida. Con el fin de mejorar la salud espiritual la persona puede:

- Identificar las tareas que en su vida le proporcionan un sentido de paz interior, alivio, fuerza, amor y conexión.
- Procurar encontrar tiempo todos los días para hacer las tareas que le ayudan espiritualmente. Estas tareas pueden incluir: el servicio comunitario o de voluntariado, rezar, meditar, cantar canciones, leer libros que lo inspiren, caminar en la naturaleza, tener tiempo a solas para pensar, hacer yoga, practicar algún deporte o ir a algún servicio religioso.

El jardín zen

Originario del Japón, el jardín zen tiene como elementos básicos la arena, la grava y las piedras. Se trata de un espacio sencillo que favorece la relajación y meditación. La belleza de este espacio se basa en su minimalismo y su simbología.

La arena o grava que cubre su superficie se suele peinar con un rastrillo para lograr el efecto de las ondulaciones que se producen en el agua.

Estos pequeños jardines llegaron a la isla nipona hacia el siglo XIII, junto al budismo zen que se extendía en muchas direcciones desde China. Durante el periodo de los samuráis, el zen se popularizó como una disciplina imprescindible para elegir con acierto el camino más adecuado en los momentos difíciles. En aquellos años se colocaron los primeros jardines zen en los templos, el lugar que por excelencia se dedicaba a la meditación.

Ondulaciones en la arena

La parte cubierta de arena, grava o piedras pequeñas representa el mar. Y de acuerdo a las ondulaciones que se dibujen en su superficie, es posible entender sus distintos estados: las líneas rectas hablan de un mar calmo y tranquilo; las onduladas, de un mar agitado; y las que figuran círculos concéntricos generan la sensación de que algo ha caído en el agua. Estos estados, a su vez, repercuten de formas diferentes en cada persona.

Ikebana

Al arte del arreglo floral en Japón se le denomina ikebana. Suelen utilizarse muy pocas flores y su diseño trata de semejarse lo más posible a su estado natural.

Los materiales que se emplean son flores, hojas, cereales, hierbas, ramas, semillas, frutas, ya sean vivas, secas o artificiales.

Es una composición con motivos decorativos, pero además de un propósito estético también se emplea como forma de meditación, conectando con el flujo de las estaciones y el ciclo de la vida. El hecho de que los arreglos sean efímeros constituye ya por sí mismo un motivo de reflexión sobre la brevedad de la vida.

Los primeros arreglos florales fueron realizados por monjes budistas para adornar los templos en el siglo VI. Durante el período Kamakura (1192-1333) se puso de moda construir dentro de un cuarto (zashiki) una especie de nicho (tokonoma) donde se colocaban un arreglo floral, incienso y una vela. Hasta el siglo XV mantuvo su condición de ofrenda divina, pero más tarde perdería esas connotaciones religiosas. Poco tiempo más tarde aparecerían las primeras escuelas de ikebana, como la sogetsu, ohara, koryu o ikebono.

Estilos de ikebana

Durante la trayectoria histórica del ikebana, se han sucedido diferentes estilos a través de un proceso creativo que continúa hasta nuestros días.

- **Rikka:** Se trata de una creación de siete ramas, cada una de las cuales representan una parte del monte Meru (perteneciente a la cosmología budista). También se podía dividir entre una parte de luz y otra de sombra (algo que en China se conocía como ying y yang). Con el tiempo las estructuras se modificaron, pasando a ser de nueve o incluso once ramas.

- **Shoka:** Se trata de un perfeccionamiento del estilo rikka llevado a cabo por el maestro Senjo Ikenobo. Sus construcciones son de tres ramas y mayoritariamente con forma triangular. Representan el cielo, el hombre y la tierra, que son las tres partes en las que dividen el Universo. Dicho estilo se caracteriza por el orden, presentando los elementos de sus composiciones de una manera natural, tal y como se manifiestan cuando están en libertad. Las composiciones eran mucho más sencillas que las del estilo rikka.

- **Nageire:** Teniendo como patrón a seguir una estructura triangular y una armonía cromática, el resto de la composición queda en manos de la espontaneidad del creador. Una de las formas típicas del nageire es la que está compuesta por una rama larga y a partir de ella unas flores situadas en la base. Proviene del estilo rikka, se usó para denominar a las lujosas creaciones que tuvieron cierta fama durante el s. XVII. Actualmente se las llama así a las creaciones con un estilo más independiente.

- **Moribana:** Usado por el creador de la escuela ohara, Ohara Unshin, el estilo moribana rompe con las características de los estilos más antiguos, desmarcándose del resto al usar flores que eran importadas y la estructura triangular clásica, pero dándole un plano tridimensional. En las creaciones del estilo moribana se hace una división en cuatro cuartos, cada uno de ellos representa una estación del año y decorado con las flores que corresponde a dicha estación.

- **Zen e ikebana:** Estilo caracterizado por la libertad que se le da a la hora de crear las composiciones, dejando de lado las normas impuestas por las escuelas antiguas. En sus composiciones, rompían con todo lo establecido, usando elementos nuevos, como el plástico o el cristal, tomando patrones hasta ese día nunca establecidos y en definitiva, dejando rienda suelta a su imaginación, sin limitar en ningún aspecto.

La caligrafía zen

La caligrafía zen (shodo) es una de las artes importadas de China durante el período de Kamakura (1185-1333). Colocar el pincel sobre el papel es en sí mismo entrar en la naturaleza única del Buda de todas las cosas.

La mayoría de los textos escritos llegaron a Japón desde China con el budismo en el siglo VII. El período Heian (794-1185) es generalmente considerado en lo artístico y cultural como la «era dorada». Durante este período, los japoneses desarrollaron un sentido estético diferente al de los chinos. La caligrafía inspirada en el zen conocida como bokuseki (literalmente significa trazo de tinta) se caracteriza por su estilo expresivo y vivo, opuesto a la elegancia y refinada técnica de la caligrafía heian.

La práctica del shodo requiere de un estado de ánimo especial: liberarse de las preocupaciones mundanas. Las creaciones de los maestros budistas están destinadas a ser etéreas e indefinibles, al igual que la oración en el mundo occidental. Su práctica deja entrever la personalidad de quien la ejecuta, expresando a través del pincel el reflejo del alma del artista. El artista que emplea la caligrafía en sus obras está tratando de llegar hasta lo más profundo del arte, evocando íntimas experiencias individuales. La armonía y delicadeza de líneas no sólo despiertan el placer estético, sino que transmiten la sabiduría milenaria. Cada línea tiene su sentido, cada movimiento del pincel de calígrafo crea algo bello.

Los elementos precisos para practicar la caligrafía son:

- El pincel: de madera de bambú generalmente o bien de marfil suelen estar ornamentados con una borla de origen animal. La borla permite un mayor control sobre los diferentes grosores del trazo.

- La tinta: Suele emplearse una tinta negra constituida a base de hollín de pino mezclado con pigmento negro obtenido a base de plantas calcinadas. Todo ello unido a través de clara de huevo o cola de arroz. La mezcla se homogeneiza hasta obtener una barrita de tinta.
- El tintero: Sirve para disolver la barra de tinta en agua.
- El soporte: Generalmente se emplea la seda o el papel, que puede ser en formato rectangular bien grande o bien en forma de abanico.

El círculo

La pintura del círculo o enso representa la absoluta plenitud, la simplicidad, integridad, la armonía perfecta. Se trata de una símbolo zen de carácter espiritual que representa nuestro verdadero ser.

Su característica definitoria es que no se trata de un círculo completamente cerrado, existe siempre alguna pequeña apertura que indica que no se trata de algo contenido siempre en sí mismo, sino que se abre al espacio, al infinito.

La persona que pinta un enso toma un pincel grande que empapa en tinta mientras contempla el papel en blanco. Su actitud mental debe ser la misma que la emplea cuando practica zazen. En un momento, la persona plasma rápidamente el círculo sobre el papel. El círculo creado contiene la perfección del momento y las imperfecciones de la tinta, el papel y el pincel.

El enso es un símbolo muy antiguo y puede ser considerado como uno de los símbolos «supremos» del zen, un círculo de Iluminación.

La ceremonia del té

La ceremonia del té es una ceremonia japonesa en la que cada detalle se cuida al máximo a fin de crear un ambiente único cargado de gran misticismo.

El té llegó a Japón procedente de China en el siglo IX gracias a unos monjes budistas. En un principio se trataba de impresionar a los invitados mediante una ceremonia de ostentación pero poco a poco se fue oficializando a través de una serie de pautas. Fue el monje Murata Juko quien, en el siglo XV, estableció las reglas definitivas a la hora de tomar el té.

Los cuatro principios básicos que conforman el chado o camino del té son: la armonía (wa), el respeto (kei), la pureza (sei) y la tranquilidad (jaku).

La ceremonia debe suceder en una habitación tranquila contando que su duración puede estar sobre las cuatro horas. En este tiempo se puede apreciar la máxima simplicidad y refinamiento de los movimientos que simbolizan la verdadera belleza.

En esta ceremonia prima su carácter espiritual y sólo con una práctica continuada puede llegar a sentirse su máxima expresión. No en vano es una manera de purificar el alma mediante su unión con la naturaleza. Cuando la ceremonia es llevada a cabo por un experto, los movimientos son un verdadero regalo para los sentidos.

Los pasos a seguir a la hora de iniciar la ceremonia del té son:

- Se introducen los principios de servicio del té, en base a la armonía zen.
- Se sirve siguiendo una línea de pureza, que parte desde el agua hasta los elementos empleados.
- Se emplean una gran cantidad de utensilios, siendo en total unos doce.
- Primero entra a la sala el invitado de honor, él oficiará de guía del resto de los invitados.
- El guardián intercambia palabras de afecto y salutaciones con el invitado principal.
- El mismo guardián ofrece los elementos primordiales a los invitados, como pueden ser algunos pasteles.
- Todos en la sala deben lucir formales, bien vestidos, sin colores estridentes.
- Generalmente, se emplean kimonos blancos o negros, dependiendo la ocasión y el sexo de la persona en cuestión.
- El anfitrión llega a la sala con los elementos restantes, como son el agua y las hojas de té. Comienza a preparar los utensilios y a oficiar la purificación.
- El dueño de casa pone el agua dentro de la tetera, cuidando que esté a la temperatura adecuada.
- Luego coloca las hojas de té y deja reposar el tiempo indicado, según la variedad.
- A continuación, comienza a servir el té en las respectivas tazas.
- Luego, el ayudante comenzará a repartir las tazas entre los invitados, no sin antes hacer un gesto de salutación.

- Una vez que todos tengan su respectiva taza y el ayudante haya salido del cuarto, comenzarán a beberlo.
- También comenzarán a comer algunos pasteles que se hayan servido.
- Luego de beber la segunda vuelta, los platos cubrirán las tazas y el anfitrión las irá retirando.

Utensilios empleados para la ceremonia del té

- Mizusashi o jarra de agua fresca para poner en la tetera.
- Recipiente para el té: de cerámica si es para el koicha y de laca si es para usucha.
- Cucharita para el té.
- Paño de hilo para limpiar el tazón.
- Batidor del té, hecho de bambú.
- Tazón donde se bate y se toma el té matcha (en polvo).
- Cucharón de bambú para verter el agua fresca o caliente (el cucharón se deposita o descansa sobre un aparador que también es de bambú).
- Kensui o recipiente de cerámica para el agua utilizada al calentar y aclarar el tazón.
- Kama o tetera de hierro, para hervir el agua.
- Cubo con carbón para encender el fuego donde hervirá el agua de la tetera.
- Haiire o recipiente con cenizas húmedas que aviva el fuego del carbón.

La ceremonia del té la pueden realizar tanto hombres como mujeres, aunque a menudo se tardan años en estar preparado para tener amplios conocimientos sobre las diferentes hojas de té, los arreglos florales, la cerámica, la caligrafía, el kimono o los gestos y posturas adecuadas en cada momento.

Glosario

Bodhi: Iluminación, despertar.

Buda: El Iluminado, el que despierta a su verdadera naturaleza. El buda perfecto es el buda Sakyamuni o Sidharta Gautama (563-483 a.C.), fundador del budismo.

Bodhidharma: 28º patriarca indio y primer patriarca chino del budismo. Creador del budismo zen. La leyenda le atribuye el origen de las artes marciales.

Bushido: La «vía de la lucha». Vía del «samurai», guerrero que practicaba las artes marciales.

Deshimaru Taisen: Primer patriarca del budismo zen de la secta Soto de Occidente. Predicó y formó discípulos en Europa desde 1967 hasta su muerte en 1982.

Dharma: La verdad del yo. Verdad, ley, doctrina.

Dharma: Fenómeno ubicado en el «espacio - tiempo».

Djana: Palabra sánscrita que significa «concentración» y de la cual deriva la palabra zen.

Do: Camino, vía o principio hacia la Iluminación, hacia la intuición de la verdad.

Dojo: Lugar donde se practica la vía, un arte, el arte marcial, el zen.

Hishiryo: Conciencia absoluta, lo que está más allá del pensamiento y del no pensamiento. La «mente» del zazen.

Karma: El resultado de todas nuestras acciones.

Kendo: La vía de la espada.

Kin hin: Meditación en movimiento.

Koan: Literalmente «caso público». Enigma que no puede resolverse racionalmente. Serie de preguntas que los maestros zen dirigen a sus discípulos para destruir sus bloqueos mentales.

Kontín: Laxitud excesiva, somnolencia durante zazen.

Ku: Vacuidad, el vacío, la causa primordial de todas las cosas.

Kyosaku: Bastón del maestro zen o «espada de la sabiduría».

Mantra: Palabras o vibraciones sonoras que ayudan en la meditación a la búsqueda de la verdad, a encontrar el yo.

Maya: Fenómeno, ilusión, lo que nos conduce al engaño, lo que nos sume en la ignorancia.

Mondo: Preguntas y respuestas dentro de un diálogo maestro alumno.

Mudra: Gesto de las manos que evoca estados especiales del espíritu.

Mujo: La impermanencia, lo siempre cambiante, el «wu wei» de los chinos.

Mushin: No mente, lo que está más allá de la mente y de la no mente.

Mushotoku: Hacer sin buscar fruto, lo que está más allá de todo objetivo.

Nirvana: Literalmente «extinción», apagarse una llama. Lo que se extingue sería la ignorancia y ello daría lugar a la Iluminación.

Rinzai: Una de las escuelas de zen chinas denominadas de «Los Cinco Linajes» que llega a Japón en el año 1141.

Roshi: El viejo y venerado maestro.

Samadhi: Profundo estado de conciencia en el que se une el que medita con el objeto de la meditación.

Samsara: La eterna sucesión de nacimiento y muerte.

Sanran: Estrés, hipertensión, ansiedad, excitación durante la meditación.

Satori: El despertar, la Iluminación.

Sensei: Maestro, el más viejo, el que merece respeto, el que sabe, el que domina una vía.

Seiza: La postura de meditación del guerrero.

Sesshin: Sesión de meditación intensa, retiro espiritual.

Shikantaza: Sentarse como todo en zen: con la totalidad de uno mismo.

Soto: Otro de los Cinco Linajes del budismo zen chino. Fue llevado a Japón en el año 1200.

Sutra: Escrito sagrado.

Tao: La verdad, lo que está más allá de todo, lo que no puede nombrarse.

Zafu: El cojín de meditación zen.

Zazen: Postura del despertar, de la meditación perfecta. Supuestamente la postura mediante la cual el buda Sakyamuni obtuvo su Iluminación.

Zen: Palabra japonesa equivalente a djana, meditación.

Zendo: Lugar de práctica del zen.

Zenji: Maestro zen.

Bibliografía

Blay, A., *Zen. El camino abrupto hacia el descubrimiento de la realidad*, Cedel, Barcelona 1965.

Deshimaru, Taïsen, *La práctica de la concentración. El zen en la vida cotidiana*, Edicomunicación, Barcelona 1999.

Deshimaru, Taïsen, *Za-Zen. La práctica del zen*, Cedel, Barcelona, 1976.

Deshimaru, Taïsen, *El zen de Dogen. Enseñanzas del maestro Eihei Dogen*, Edicomunicación, Barcelona 2002.

Dürckheim, Karlfried, *El zen y nosotros*, Mensajero, Bilbao, 1978.

Habito, Ruben, *Liberación total. Espiritualidad zen y la dimensión social*, Paulinas, Madrid 1990.

Herrigel, Eugen, *A arte cavalheiresca do arqueiro zen*, Pensamento, São Paulo.

Herrigel, Eugen, *O caminho zen*, Pensamento, São Paulo.

Hirai, Tomio, *La meditación zen como terapia. Las evidencias científicas de los efectos del zazen en la mente y en el cuerpo*, Ibis, Barcelona, 1994.

Holstein, Alexander, *100 koans del budismo chino. Enseñanzas de los primitivos maestros chinos*, EDAF, Madrid, 2001.

Jäger, Willigis, *En busca de la verdad. Caminos-Esperanzas-Soluciones*, Desclée de Brouwer, Bilbao 1999.

Johnston, William, *Zen cristão*, Loyola, São Paulo, 1983.

Kapleau, Roshi Philip, *Zen. Amanecer en Occidente*, Árbol, México, 1981.

Wong Kiew Kit, *El libro completo del zen*, Martínez Roca, Barcelona, 2000.

Lassalle, Enomiya, H.M., *El zen*, Mensajero, Bilbao, 1977.

Lassalle, Enomiya, H.M., *Zen y mística cristiana*, Paulinas, Madrid, 1991.

Leggett, Trevor, Ed. *La sabiduría del zen*, EDAF, Madrid, 1993.

Osho, *El libro de la nada*, Neo Person, Móstoles, 1997.

Osho, *Retorno al origen. Charlas sobre zen*, Lumen, Buenos Aires, 2000.

Sargent, Jiho, Zen. *108 preguntas y respuestas sobre la filosofía y la práctica de esta antigua tradición*, Oniro, Barcelona, 2002.

Suzuki, D. T., *Ensayos sobre budismo zen*, Kier, Buenos Aires, 1995.

Suzuki, D. T., *Introducción al budismo zen*, Kier, Buenos Aires 1976.

Suzuki, D. T., *La práctica del monje zen*, Abraxas, Barcelona 1998.

Suzuki, D. T., y Fromm, Erich, *Budismo zen y psicoanálisis*, FCE, México D.F., 1979.

Thorp, Gary, *Momentos zen. Descubre la alegría del zen en las tareas cotidianas*, Oniro, Barcelona, 2002.

Watts, Alan, *Hablando de zen*, Sirio, Málaga, 1996.

En la misma colección

REFLEXOLOGÍA
Kay Birdwhistle

Cuando se tiene una dolencia o se sienten emociones negativas, una opción es sufrirlas y la otra –más inteligente– es intentar controlarlas o suprimirlas. La influencia benéfica y relajante de la reflexología está fuera de toda duda. A través del estudio de las plantas de los pies, un terapeuta puede comprobar las conexiones energéticas de cada área de nuestro organismo y, mediante una serie de técnicas, puede fortalecer el sistema inmunológico, reducir el estrés, depurar y drenar toxinas o trabajar las emociones profundas y los miedos.

Este libro brinda la oportunidad de conocer las técnicas esenciales de la reflexología para que todo el mundo las pueda ir incorporando a su vida diaria y sean una ayuda eficaz para conocer el propio cuerpo, sus armonías y sus desequilibrios.

EL YOGA CURATIVO
Iris White y Roger Colson

El yoga es un sistema sumamente eficaz para alcanzar un estado de equilibrio físico y emocional. Su práctica no sólo aporta una evidente mejoría en la capacidad respiratoria sino que además actúa de forma muy favorable sobre los órganos internos. Este libro sintetiza toda la sabiduría y la experiencia de la práctica del yoga curativo o terapéutico en un programa que muestra cómo cada persona puede optimizar la salud y alcanzar la curación.

LOS PUNTOS QUE CURAN
Susan Wei
Alivie sus dolores mediante la digitopuntura.

La técnica de la estimulación de los puntos de energía y del sistema de meridianos es tan antigua como la misma humanidad. Se trata de una técnica que recoge la enseñanza de lo mejor de la acupuntura, del shiatsu y de la acupresura para el alivio rápido de diferentes síntomas. Y que en caso de enfermedades crónicas, sirve de complemento a los tratamientos médicos prescritos. Este libro es una guía que indica la situación de cada punto de energía para una práctica regular que devuelva la armonía a la persona y pueda protegerla de algunas enfermedades.

FLORES DE BACH
Geraldine Morrison

¿Sabía que los desequilibrios emocionales pueden tratarse con esencias florales? Son las llamadas Flores de Bach, un conjunto de 38 preparados artesanales elaborados a partir de la decocción o maceración de flores maduras de distintas especies vegetales silvestres. En efecto, emociones y sentimientos como la soledad, la timidez, la angustia, la intolerancia o el miedo pueden combatirse cuando perturban nuestro ritmo diario y trastocan nuestro equilibrio. Este libro reúne los conceptos fundamentales del sistema terapéutico ideado por Edward Bach con la finalidad de que cualquier persona pueda recuperar la armonía del cuerpo y de la mente a favor de un mayor bienestar.

PILATES
Sarah Woodward

Experimenta un nuevo estilo de vida y una nueva manera de pensar con el método Pilates, sin duda algo más que una serie de ejercicios físicos. Tal y como lo define su creador, Joseph Pilates, «es la ciencia y el arte de desarrollar la mente, el cuerpo y el espíritu de una manera coordinada a través de movimientos naturales bajo el estricto control de la voluntad». El método Pilates propone otra forma de realizar el trabajo muscular, dando un mayor protagonismo a la resistencia, la flexibilidad y el control postural. La mayoría de ejercicios se realizan mediante una serie de movimientos suaves y lentos que se consiguen a través del control de la respiración y la correcta alineación del cuerpo.

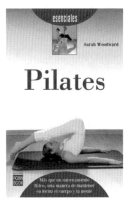

RELAJACIÓN
Lucile Favre

La relajación es un estado natural que nos proporciona un descanso profundo a la vez que regula nuestro metabolismo y nuestra tensión arterial. Pero llegar a ese estado es difícil debido al ritmo de vida al que nos vemos sometidos. Las técnicas de relajación liberan nuestras tensiones, tanto musculares como psíquicas, facilitan el equilibrio y nos proporcionan paz interior. Llegar a ese estado de bienestar y tranquilidad requiere tiempo y una cierta práctica. e ahí que este libro combine la exposición de los principales métodos contrastados para relajarse con una serie de ejercicios muy útiles que pueden conducirte a esa calma tan deseada.

Colección Esenciales:

Los puntos que curan - *Susan Wei*

Los chakras - *Helen Moore*

Grafología - *Helena Galiana*

El yoga curativo - *Iris White y Roger Colson*

Medicina china práctica - *Susan Wei*

Reiki - *Rose Neuman*

Mandalas - *Peter Redlock*

Kundalini yoga - *Ranjiv Nell*

Curación con la energía - *Nicole Looper*

Reflexología - *Kay Birdwhistle*

El poder curativo de los colores - *Alan Sloan*

Tantra - *Fei Wang*

Tai Chi - *Zhang Yutang*

PNL - *Clara Redford*

Ho' oponopono - *Inhoa Makani*

Feng Shui - *Angelina Shepard*

Flores de Bach - *Geraldine Morrison*

Pilates - *Sarah Woodward*

Relajación - *Lucile Favre*

Masaje - *Corinne Regnault*

Aromaterapia - *Cloé Béringer*

Ayurveda - *Thérèse Bernard*

Plantas Medicinales - *Frédéric Clery*

Bioenergética - *Eva Dunn*

El poder curativo de los cristales - *Eric Fourneau*

Hidroterapia - *Sébastien Hinault*

Stretching - *Béatrice Lassarre*